불교의 자녀사랑 기도법

김현준 지음

효림

불교의 자녀사랑 기도법

초 판 1쇄 펴낸날 2003년 5월 27일(초판 10쇄 발행)
개정판 1쇄 펴낸날 2020년 10월 12일
　　　　 2쇄 펴낸날 2022년 3월 29일

지은이 김현준
펴낸이 김연지
펴낸곳 효림출판사

등록일 1992년 1월 13일 (제2-1305호)
주 소 서울시 서초구 반포대로14길 30, 907호 (서초동, 센츄리1)
전 화 02-582-6612, 587-6612
팩 스 02-586-9078　 **이메일** hyorim@nate.com

값 5,500원

ⓒ효림출판사 2003
ISBN 979-11-87508-51-9 03220

서 문

평소에 저는 불교신행연구원(월간 법공양)으로 많은 분들이 상담을 청해오는 자녀를 사랑하는 방법, 자녀교육의 방법 및 기도법, 부모님께 효도하는 법 등을 부처님의 가르침에 의지하여 정립하고 생활화할 필요가 있겠다는 생각을 늘 하여 왔습니다.

어떤 사람에게나 이 생에서 가장 깊고 소중한 인연을 지닌 존재는 가족입니다. 그리고 가족 중에서도 부모와 자식의 인연은 결코 떼어낼 수 없는 강한 고리를 형성하고 있습니다.

그러나 부모와 자식의 사이는 좋기만 한 것이 아닙니다. 관계가 너무나 좋은 이들도 있지만, 원수 같은 이들도 있습니다. 무엇이든지 다 해주고 싶은 인연이 있는가 하면, 보기만 하여도 짜증이 나는 인연도 있습니다. 왜 이러한 인연들이 생겨난 것일까요?

보이지 않는 시간 동안 그렇게 가꾸어왔고 맺어왔기

때문입니다. 그러므로 가까운 부모 자식 간이라 할지라도 그 인연을 내버려 두면 안 됩니다. 가꾸어야 합니다. 잘 닦고 잘 다스려야 합니다.

그럼 어떻게 하여야 인연을 잘 가꾸고 잘 다스릴 수 있는가?

그 핵심은 우리 모두가 잘 알고 있는 바대로 '사랑'에 있습니다. 지혜롭게 사랑하면 맺힌 것이 풀리고, 모든 고난과 시련을 사랑으로 극복하면 행복을 우리의 것으로 만들 수 있으며, 가족 사이에 사랑이 흐르면 평화롭고 자유로운 해탈의 세계에서 살 수가 있습니다.

그렇다면 사랑이 무엇인가?

불교의 가족 사랑을 살펴봄에 있어 무엇보다 선행되어야 할 것은 사랑에 대한 정의일 것입니다. 사랑에 대한 정의를 나름대로 가지고 있지 않은 사람은 드뭅니다. 하지만 여기에서는 사랑에 대한 불교적인 정의를

따르고자 하며, 그 정의는 다음과 같습니다.

사랑은 살리는 것이다. 서로가 서로를 살리는 것이다.

곧 사랑은 나도 이롭고 남도 이롭게 하는 자리이타自
利利他입니다. 나도 깨닫고 남도 깨닫게 하는 자각각타
自覺覺他입니다.

결코 가족은 사랑이라는 이름으로 서로가 서로를 무
시하거나 그릇되게 하거나 퇴보의 길을 걷게 하여서는
안 됩니다. 사랑의 본질 속에서 부모와 자녀 모두가 향
상하고 발전하고 살려가야 합니다.

물론 이렇게 살려가는 사랑만을 하며 사는 가정은 참
으로 드뭅니다. 부모와 자녀 사이에는 보통 어떠한 문
제가 도사리고 있기 마련이요, 뚜렷한 문제가 없으면
공연한 걱정을 하거나 불만을 품게 됩니다.

그러나 다소의 문제가 있다 할지라도 '서로가 믿고 서로를 살리겠다'는 사랑의 마음으로 함께 살아나는 방법을 찾으면 얼마든지 좋아질 수가 있습니다. 특히 부모가 그 방법을 실천하면 더욱 빨리 좋아집니다.

 서로를 믿고 살리는 사랑! 그것은 생명력의 본질인 불성佛性에서 우러나오는 기운입니다. 그 기운에는 강한 정화력이 있어 모든 것을 살려냅니다.

 더욱이 우리의 불성은 끊임없이 사랑의 기운을 분출하기 때문에, 우리가 사랑의 참뜻을 새기고 사랑으로 극복하면 참으로 복된 삶을 열 수 있습니다.

 나아가 기도를 하면서 부모 자식 간의 사랑을 사랑답게 가꾸면 참으로 좋은 인연을 만들어 낼 수 있습니다. 단순히 노력하고 애를 쓰는 것보다 더 빨리 결실을 거둘 수가 있습니다.

 실로 참된 가족 사랑과 기도법은 세세생생의 좋은 인

연을 보장하고, 향상의 삶을 보장하고, 행복과 평화와 지혜로운 삶을 보장합니다. 가족의 인연을 사랑으로 승화시켜 살리고 깨어나게 하면 원만·성취·진실[圓成實]의 자리로 나아 갈 수 있습니다. 이 얼마나 기뻐하고 찬탄할 일입니까!

이 책에서는 부모님들의 자녀사랑법을 중심 내용으로 삼았으며, 자녀의 부모사랑법을 부록으로 첨부하였습니다.

이제 이 책을 읽으면서 부모 자식 간의 구체적인 사랑 방법과 기도법에 대해 함께 새겨보도록 합시다. 거룩하신 부처님의 가르침에 입각하여….

나무마하반야바라밀.

경주 남산 기슭 아란야에서

김현준 拜

제1장
집착부터 비워라

가깝기에 맺힘도 크다

우리네 부모가 자녀들에게 위해 베푸는 것이 너무나 많습니다. 물질적으로 베풀고 정신적으로 베풀며, 두려움 없는 편안함과 행복을 누리게 하고, 보다 나은 인간을 만들고자 노력을 아끼지 않습니다. 불교적으로 이야기하면 재시財施·법시法施·무외시無畏施로써 자녀들을 양육하는 것입니다.

특히 모성애母性愛가 강한 이 땅의 어머니들이 자녀에게 베푸는 것은 가히 희생적입니다. 다른 집의 부모보다 조금이라도 잘해 주지 못하면 속이 상하는 어머니. 내 아이가 다른 아이보다 못하다 싶으면 마냥 기운이 빠지는 이 땅의 어머니.

그 어머니들의 자녀 사랑과 높은 교육열은 선진국을 훨씬 능가하고 있습니다. 더욱이 요즈음은 아버지까지

가세하여, 직업전선에서의 피로를 감수하면서까지 부성애를 발휘하고 있습니다. 이렇게 어머니 아버지들이 사랑을 퍼부으니 어찌 자녀들이 잘 성장하지 않겠습니까?

하지만 다른 한 면을 돌아보십시오. 자녀들의 이기심은 극으로 치닫고 있으며, 결혼을 하고 나면 부모를 제외한 '부부와 자녀'만을 '나의 가정'으로 생각하는 효부재孝不在의 사회상이 팽배하고 있습니다. 딱하게도, 평생토록 자식을 키운 보람을 한순간에 잃는 부모가 너무나 많습니다.

보릿고개 시절의 부모들은 줄줄이 딸린 자식과 함께 먹고사는 일이 다급하여 아이들 각각에게 일일이 정성을 쏟지 못하였습니다. 하지만 자식들은 건전하게 자라, 부모를 봉양하고 효도하는 것을 잊지 않았습니다.

오늘날은 어떻습니까? 경제적인 여유 속에서 하나 또는 둘만의 자식을 키우며 부모가 정성을 다하건만, 자녀들은 자꾸만 이기적으로 변해가고 부모에 대한 마음은 옛날과 같지가 않습니다.

왜 이와 같이 변하고 있는 것일까요?

그 이유로 여러 가지를 들 수 있겠지만, 무엇보다도 '내 자식'만을 너무나 사랑하며 기른 데 대한 과보, 곧 기대와 집착에 대한 과보라는 것을 먼저 생각할 줄 알아야 합니다.

우리는 가족이라는 굴레 속에서 '나는 아버지'라는 집착, '나는 어머니'라는 집착, '저 아이는 사랑하는 내 자식'이라는 집착을 가지고 살아갑니다. 그리고 그 집착 속에서 자녀들을 생각하고 자녀들을 향해 말을 하고 행동을 합니다.

곧, 자녀들을 위해서 하는 것들 중 많은 부분이 집착 속에서 이루어지는 것입니다.

자녀를 사랑한다는 우리, 그 사랑이라는 이름으로 자녀들에게 더욱 집착을 하는 우리! 바로 그 집착이 자녀들에게 베푼 모든 것을 물거품으로 돌려놓습니다. 그 집착 때문에 사랑하는 자식에게 미움과 증오심을 품기까지 합니다. 보다 쉬운 예를 들어봅시다.

흔히 부모님들은 '내가 낳고 기른 자식놈이 내 말을 듣지 않는다'며 아들 딸에게 톡톡 쏘아붙이거나 큰소리를 냅니다. 남에게는 그렇게 하지 않으면서 왜 자식에게는 쏘아붙이고 고함을 치는 것일까요?

내가 기른 자식인지라 만만하고, 부모 자식 사이인지라 맺히지 않을 것이라 생각하기 때문에 함부로 하는 것입니다. 더 핵심을 꼬집는다면, '내 자식이므로 내 뜻대로 해도 된다'는 집착이 부모의 마음속에 자리를 잡고 있기 때문입니다.

하지만 아들딸에게는 그들 나름대로의 입장이 있습니다. 그들도 생각이 있기 때문에 부모의 톡톡 쏘는 말이나 꾸중이 섭섭하게 들리고 억울하기까지 합니다.

부모와 자식의 사이이므로 겉으로 크게 반항을 하지 않지만, 거꾸로 가슴 속으로 들어가 맺히는 것입니다. 특히 자식이 내 뜻대로 되지 않으면, 평소에 '내 아들, 내 딸'하면서 사랑의 말을 늘어놓던 그 세 치의 혀로, 아들딸의 가슴에 못을 치는 것이 우리네 부모님들입니다. 과연 그 박힌 못이 앞으로 어떻게 작용을 하겠습니까?

좋은 감정은 함께 즐거워하는 것으로 끝이 나지만, 원망스런 감정은 쉽게 풀어지지 않습니다. 자식은 마음속 깊이 부모의 꾸중에 대해 못과 같고 칼날 같은 감정을 품고 있다가, 때가 되면 못과 같고 칼날 같은 말과 행동으로 부모의 마음을 아프게 합니다. 이것이 인과응보의 법칙입니다.

그러므로 아무리 서로 사랑하고 믿고 의지하는 부모·자식일지라도, '내가 많은 사랑을 베풀었고 내 자식이기 때문에 함부로 해도 된다'는 생각을 가져서는 안 됩니다.

　부모가 마음대로 말을 하고 마음대로 행동하면, 결국은 아들딸의 마음에 불신과 증오가 깊이 자리를 잡게 됩니다. 오히려 부모·자식은 남보다 가까운 사이이기 때문에 감정적인 맺힘이 더욱 클 수밖에 없습니다.

　반대로 '아버지다·어머니다·자식이다'고 하는 집착 없이 자녀들에게 베풀어 주고 구속하는 마음 없이 사랑해주면, 이제까지 맺혔던 감정들이 스르르 풀어지면서 참으로 좋은 부모·자식 사이로 바뀌어갑니다.

　왜? 집착을 떠난 부모의 정성과 헌신적인 사랑을 우리의 자녀들이 남김없이 받아들이기 때문입니다.

　이때가 되면 그 가정이 어떠하겠습니까? 저절로 편안해지고 저절로 즐거워지고 웃음이 넘쳐나지 않겠습니까?

제 복으로 산다

이제 부모님들은 스스로에게 질문을 던져볼 필요가 있습니다.

"나는 사랑하는 자식들에게 무엇을 얼마만큼 해주고 있는가?"

오래전의 내 이야기부터 하겠습니다.

❀

큰딸이 대학입시를 앞둔 고등학교 3학년이었을 때, 나는 참으로 값진 경험을 했습니다.

내 아이만이 아니라 이 나라의 학생들은 묘한 교육 분위기에 휩싸여 아침부터 한밤중까지 공부와 씨름을 합니다. 그렇다고 자발적으로 알아서 공부를 할 수 있는 것도 아닙니다. 학교에서나 집에서나, '한눈을 팔아 공부를 게을리하지는 않을까' 하는 감시의 눈길이 뒤따라 다닙니다. 아이들은 나날이 녹초가 되어가는데도….

부모들의 고달픔도 마찬가지입니다. 새벽부터 깨워 밥 먹이랴 학교 보내랴 분주합니다. 아이가 학교를 파하면 부모는 기사가 되어 학원으로 독서실로 아이를 실어나릅니다. 굶기지 않기 위해 차 안에서 햄버거·김밥 등을 먹이면서까지…. 그리고 밤 12시가 넘어 학원이나 독서실 앞에서 기다리다가 아이를 데리고 옵니다.

대학에서 내신성적을 반영하기 때문에, 중간고사나 기말시험 기간이 되면 더욱 신경이 날카로워지는 우리의 아들딸들을 왕이나 공주처럼 대하며 모든 짜증을 달래주고 받아줍니다. 그러면서 부모들은 자위를 합니다.

'이 한 해만 참자. 한 해만 잘 견디면 전쟁이 끝난다.'

'이제 3개월 남았다. 3개월 후면 아이도 나도 해방이요 불행은 끝이요 행복이 시작된다.'

실로 부모도 수험생들만큼이나 못 할 노릇입니다. 어머니들은 하루 온종일을 수험생에게 매달리고, 아버지들까지 회식이나 여행을 자제할 뿐 아니라 퇴근 시간도 열심히 지킵니다.

이와 같은 입시지옥에 나도 동참을 했습니다. 극성이 당연시되어 버린 여느 부모들처럼….

그러던 여름철의 어느 날 새벽 2시, 독서실 앞에 차를 대기시키고 큰딸을 기다리던 나에게 한 생각이 문득 스치고 지나갔습니다.

'내가 저 아이를 위해서 잠도 자지 않고 여기에 왔지만, 이런 일 말고 저 아이가 당면하고 있는 문제 중에서 실제로 해결을 해주고 있는 것은 무엇인가? 정녕 저 아이에게 무엇을 해줄 수 있는가?'

곰곰이 생각을 해보았으나 참으로 해줄 수 있는 것이 없었습니다. 공부를 대신해줄 수도 없고, 시험을 대신 쳐줄 수도 없습니다. 피곤을 대신해줄 수도, 잠을 대신 자줄 수도 없었습니다. 대신해줄 수 있는 것이라고는 아무것도 없었습니다.

내가 최선을 다한들 '나는 아버지로서의 업業만을 다할 뿐, 나의 딸이 내 덕분에 사는 것이라고는 아무것도 없다'는 것을 느꼈습니다. 그리고 자식들이 '제 복으로 산다'는 것을 사무치게 느꼈습니다.

§

그토록 사랑하는 우리의 아들딸에게 진짜배기는 아

무엇도 해주지 못하는 우리 부모들.

실로 우리의 아들딸들은 제 복으로 살고, 어른들은 부모로서의 업을 다할 뿐입니다. 그런데 부모들은 자녀들이 '부모덕에 산다'고 착각을 합니다. '부모가 없으면 어떻게 살 것이냐?'며 겁도 줍니다.

하지만 냉정하게 비추어보면 우리의 자녀들은 자신의 복으로 살아갑니다. '제 먹을 복은 타고난다'는 옛말이 있듯이, 결코 부모덕에 사는 것이 아닙니다. 『잡보장경 雜寶藏經』에 수록되어 있는 이야기를 함께 살펴봅시다.

✿

석가모니불께서 이 세상에 계실 때, 어느 나라에 선광 善光이라는 공주가 있었습니다. 총명할 뿐 아니라 용모도 매우 아름다운 그녀를 모든 사람들은 무척이나 귀여워하고 사랑스럽게 여겼습니다. 어느 날 왕은 딸에게 말했습니다.

"선광아, 네가 많은 사람들로부터 사랑과 귀염을 받는 것이 왕인 나의 덕이라는 것을 아느냐?"

"왕이신 아버지의 덕이라니요? 아닙니다. 제 복업福業 덕분에 귀염과 사랑을 받는 것이지요."

"정말 그렇게 생각하느냐?"

"예, 부처님께서 가르치신 인과법 그대로, 저는 제 복업으로 잘살고 있음입니다."

이 말에 화가 치민 왕은 선언했습니다.

"그렇다면 좋다. 너에게 그럴 만한 복업의 힘이 있는지를 시험해 보자."

그리고는 신하에게 명했습니다.

"성안에서 가장 헐벗고 굶주리는 거지를 데려오너라."

왕의 명령을 받은 신하들이 비참한 몰골의 거지를 데려오자, 왕은 선광공주를 거지에게 주며 말했습니다.

"지금부터 너는 왕궁을 떠나, 저 거지의 아내가 되어 살아가거라. 과연 네 복업이 너의 말과 같은지 두고 보자꾸나."

"염려마시어요. 제 복업의 힘은 적지 않습니다."

공주는 조금도 위축됨이 없이 거지를 데리고 왕궁을 떠났습니다. 그리고 거지 남편에게 물었습니다.

"당신의 부모님은 살아계십니까?"

"우리 아버지는 이 성안에서 첫손 꼽히는 부자였습니다. 그런데 양친 모두 갑자기 돌아가시는 바람에 나 또한 의지할 곳 없는 거지 신세가 되었지요."

"예전의 그 집터를 아시나요?"

"터야 알지만, 지금은 집도 담장도 다 허물어져 빈터

뿐입니다."

남편을 앞세워 옛 집터를 찾아간 공주는 황폐해진 집 안을 유심히 살피다가 흙더미 속에서 반짝이는 것을 발견하였습니다.

흙을 헤치고 보니 그것은 보물궤였고, 공주는 보물들을 팔아 그 터에 새집을 지어, 세간살이며 하인 등을 두루 갖추고 호화롭게 살았습니다.

어느 날 선광공주가 궁금해진 왕은 신하에게 물었습니다.

"내 딸이 어떻게 지내고 있는지를 아느냐?"

"집과 재물 등이 왕궁보다 못하지 않습니다."

때마침 선광공주는 남편을 보내어 부왕을 자기 집으로 초대하였고, 왕은 딸이 사는 집에 가보고 선광의 말이 옳다는 것을 깨달았습니다. 선광이 왕인 아버지의 후광으로 복되게 사는 것이 아니라, 제 복업으로 복되게 산다는 것을!

☙

『잡보장경』에서는 선광공주의 전생에 대한 부처님의 말씀이 기록되어 있지만 여기에서는 생략하겠습니다.

우리들 주위에서도 가난했던 집안이 특정한 자식을 낳은 다음부터 여유롭게 살게 되고, 그 자식이 집을 떠난 다음부터는 가세가 다시 기우는 예를 찾아볼 수 있습니다. 이를 어떻게 해석해야 할까요?

선광공주와 같은 경우로 볼 수도 있겠지만, 오히려 그 자식을 키우는 부모가 자식 덕을 보는 경우라고 해야 할 것입니다.

정녕 우리는 부모와 자식의 인연을 잘 깨우쳐야 합니다. 인연을 깨우쳐 참으로 복된 인연을 만들어야 합니다. 과연 부모와 자식은 어떠한 인연인가?

인연의 법칙 속에서 부모는 연緣, 곧 자식의 환경일 뿐입니다. 자식의 성장과 발전에 있어 인因은 모름지기 자식의 마음가짐과 실천입니다.

연은 인을 도울 뿐, 인이 될 수 없습니다. 부모가 자식의 인생을 대신 살 수는 없는 것입니다.

인연의 법칙에서 보면, 부모는 자식의 울타리가 되고 환경이 되어 이바지를 할 뿐입니다. 더 냉정히 이야기하면 빚을 갚을 따름입니다.

그러므로 절대로 '부모인 나의 덕에 산다'고 생각하여서는 안 됩니다. 나아가 '내가 자식에게 어떻게 해주고 있다', '어떻게 희생했다'는 등의 집착에 빠져들지 않아야 합니다.

그리고 밥 먹이고 옷 입히고 공부시키는 등, 자식을

위해 쓰는 각종 돈에 대해서도 생각을 전환시킬 필요가 있습니다.

왜? 어른들은 우리의 아이들이 부모가 힘들여 벌어온 돈을 쓰기만 하는 존재로 여깁니다. 그러나 '자기 복업'과 인연의 법칙에서 보면 그것이 아닙니다.

아버지가 버는 돈은 아버지 혼자만의 것이 아니라 가족 모두의 돈입니다. 아이가 쓰는 돈은 본래가 그 아이의 돈이요, 어머니가 쓰는 돈은 본래가 어머니의 돈입니다.

아버지는 혼자의 복으로 돈을 버는 것이 아니라, 가족 모두의 복으로 돈을 버는 것입니다. 그리고 가족 대표로 돈을 벌어야 하는 업보가 있기 때문에 밖으로 나가 일을 하는 것입니다. 어머니가 아버지를 대신하는 경우도 마찬가지 입니다.

자식이 쓰는 돈에 대해 부모는 은행과 같은 존재가 되어야 합니다. 밥 먹고 옷 입고 공부를 함에 있어 꼭 필요한 돈들! 그 돈을 찾겠다며 저금통장을 가져가면 언제든지 현찰을 주는 곳이 은행입니다.

이 은행처럼 부모는 자식의 돈을 보관하고 관리하는 역할을 맡고 있습니다. 우리의 자녀들이 전생의 복력으로 모은 재산을 금생에 상속받았으나, 아직은 어려서 적절히 쓸 수 있는 능력이 갖추어져 있지 않기 때문에 부모가 대신 관리를 하고 있는 것입니다.

부모들이 이러한 생각들을 하나하나 잘 정립하여 자식에 대한 집착을 가지지 않게 되면, 사랑하는 아들딸들을 참으로 지혜롭게 성장시킬 수 있습니다.

거듭 강조하건대, 자식은 인因이요 부모는 연緣이며, 문제는 연이 인이 되겠다고 하는 데서 생겨납니다. 연이 인이 되겠다고 하면 집안에는 거센 파도가 일어나고, 부모인 '나' 또한 섭섭함과 비참함과 한에 사무치게 됩니다.

잘 명심하십시오. 연緣은 연의 역할만 하면 된다는 것을. 그리고 인因인 자식은 제 복으로 산다는 것을.

이것을 확연히 알 때 부모는 부모의 복업福業을 완수하고, 자식은 부모가 마련해 주는 걸림없는 환경 속에서 올곧게 성장하고 향상과 행복의 길로 나아가게 되는 것입니다.

전생에 닦은 바를 추구하는 아이들

시대와 가치관이 바뀌었다

자식이 쌓은 복업과 관련하여 부모들이 잘 새겨야 할 또 한 가지 사항은, 자식을 부모의 틀에 맞추어 ① 직업을 갖게 하거나 ② 결혼을 시키고자 애쓰지 말라는 것입니다.

특정한 예를 들지 않더라도, 우리 주위에는 자식을 많이 사랑하는 부모와 개성이 강한 자녀들이 참 많습니다. 이 경우, 부모는 부모 대로 '내 아이를 어떠한 사람으로 만들겠다'하고, 자식은 자식 대로 '나의 길을 가겠다'고 합니다. 이 때문에 서로가 반목하고 다툴 뿐 아니라, 심하면 가출하는 자식들도 많이 생겨납니다.

이와 같은 일이 일어날 때, 부모는 어떻게 처신해야

하는 것일까? 어떻게 하는 것이 현명하게 처신하는 것
일까? 무엇보다 먼저 직업과 결혼에 대한 부모의 행복
관幸福觀부터 바꾸어야 합니다.

"내 아들이니까, 편안하고 돈 잘 벌고 안정된 직업을
택하여 남들로부터 대접을 받으며 부족함 없이 행복하
게 살아야 한다."

"내 딸이니까 돈 있고 안정된 직업을 가진 남자와 결
혼시켜야 한다."

이것이 부모들의 일반적인 생각입니다.

그래서 우리 사회에서는 의사·판사·교수·기업인 등
돈을 잘 벌면서도 명예로운 직업을 선호하고, 이러한
직업인을 일등 신랑감으로 삼습니다.

실지로 이는 좋은 직업입니다. 의사는 병자를 살려내
니 좋고, 판사는 사회 정의를 올바로 정립해 주니 좋고,
교수는 학생들을 가르치고 전문적인 식견으로 사회를
이끌어 주니 좋은 직업입니다. 또 국회의원 등의 정치
가가 나라를 바로 돌볼 때, 기업인이 경제를 발전시키
고 직원들을 복되게 할 때는 참으로 좋은 직업인들입니
다.

하지만 의사·판사·교수·정치가·기업인 할 것 없이, 지신의 본연보다 본 욕심이나 권력욕에 빠져 양심을 잃을 때에는 부정한 존재로 전락을 하게 됩니다. 뿐만 아닙니다. 자신의 마음가짐과 행위에 대한 과보는 언젠가 꼭 받게 되어 있습니다.

한 가지 예를 들어봅시다. 수십 년 전만 하여도 국회의원은 지역민들이 선망을 하는 직업이었습니다. 그런데 지금은 자식더러, '커서 국회의원이 되어라'는 부모가 없습니다.

왜 이렇게 되었습니까? 싸움과 권력 남용과 부정을 벗어버리지 못하는 그들이 역겨워졌기 때문이요, '나'의 자식이 그들처럼 욕을 먹는 것이 싫기 때문이 아니겠습니까?

시대가 바뀌었습니다. 옛날에는 귀하고 천한 직업이 있었지만, 지금은 직업의 귀천이 없어졌습니다. 매스컴을 통하여 조명되는 '성공한 사람들'. 그 속에는 옛날 인간 취급도 받지 못하였던 백정부터 시작하여 갖가지 직업인이 다 들어 있습니다. 몇십 년 전만 하여도 광대 취급을 받았던 배우·탤런트·코미디언·가수 등은 최고의 인기 직업인이 되었습니다.

이것이 무엇을 말해 주고 있습니까? "무엇이든 소질

이 있는 것을 잘 개발하여 부지런히 노력하면 성공을 할 수 있고, 부富와 귀貴를 함께 누릴 수 있다."는 것입니다.

이렇게 직업의 귀천은 이미 사라졌는데도, 부모들 중에는 아직도 자식들에게 옛 방식의 출세와 결혼을 강요하는 분들이 많습니다. 물론 이렇게 강요하는 까닭이 '내 자식이 잘살고 행복했으면…' 하는 기본적인 바람 때문이라는 것을 잘 알고 있습니다.

하지만 이제는 보릿고개도 사라졌고, 먹을 것이 없어 굶어 죽는 사람도 없습니다. 열심히 하면 최소한의 복을 보장받을 수 있는 나라도 되었습니다. 우리가 살고 있는 이 '국토의 인연'이 그렇게 된 것입니다.

그러므로 이 시대 이 국토에서 행복하게 살려면, 자신이 잘할 수 있고 의미를 두고 있는 일을 직업으로 택하여 정진해야 합니다.

외형이 아니라, 사랑의 인연이 깊은 사람과 결혼하여 서로를 살려가야 합니다. 먹고살기 위한 형이하학적인 삶이 아니라, 스스로를 살려가고 발전시키고 깨어나게 하는 형이상학적인 삶을 위해 직업을 택하고 결혼을 해야 합니다.

제가 이렇게 누구나 다 아는 사실들을 장황스레 늘어

놓은 까닭은, 장래에 대한 자식의 선택이 나와 남을 그르치는 나쁜 길이 아니라면 부모가 앞질러 막으려 하지 말라는 부탁을 드리고 싶어서입니다. 자식의 적성을 잘 관찰하면서, '신념을 물어보고 격려하고 도와 주라'는 이야기를 하고 싶어서입니다.

내 자식이므로 내가 원하는 대로 되면 좋겠지만, 자식 또한 부모 뜻과 원대로 살 수가 없는 업보중생業報衆生입니다.

요즘의 아이들은 각종 재능을 키우는 학원을 쉴 사이 없이 다니고, 필요 이상의 공부를 지나치게 합니다. 왜 아이들이 이렇게 사는 것일까요? 내 아이가 잘살기 위해서는 다른 아이에게 지면 안 된다는 부모의 생각이 크게 작용하고 있기 때문입니다.

이러한 '내 아이들'이 불쌍하지 않습니까?

'나'의 자식이므로 좋은 대학에 보내야 하고, 박사가 되어야 하고, 의사나 변호사가 되어야 하고, 출세한 남자와 결혼을 시켜야 합니까? 이렇게 하는 것이 부모의 도리를 다하는 것이요, 자녀에 대한 결실이요 성취라고 생각하고 계십니까?

아닙니다. 결코 아닙니다. 자식에 대한 이 집착 때문에 이 생에서는 죽을 때까지 자식을 걱정하고, 내생에

또다시 만나 함께 맺은 업을 풀게 됩니다.

보이지 않는 전생의 업력

부처님께서는 이 생에서의 삶이 전생의 연장이라는 것을 강조하셨습니다. 그리고 혜안을 지닌 큰스님들은 전생의 업력業力과 금생의 업력이 8대 2 정도 작용을 한다고 말씀하십니다. 전생의 업력이 금생의 삶에 그만큼 크게 작용한다는 것입니다.

물론 전생은 보이지도 잡히지도 않습니다. 그러나 우리는 전생에 심어놓은 업에 의해 영향을 받습니다. 특히 전생의 원력願力이나 노력은 금생의 삶에 크게 작용합니다.

전생에 며칠 동안 사찰에 머물면서, '마음이 너무나 편안하고 좋구나. 나도 내생에는 꼭 스님이 되어 절에서 살아야지.'라고 발원한 사람은 금생에 스님이 됩니다. 하지만 평생 동안 승려 생활을 하지 않고 도중 하차를 합니다. 왜 도중 하차하는 것일까요? 그 원이 잠깐의 희망이었기 때문입니다.

이와는 반대로, 금생의 일평생 동안 자기 발전의 길을

순탄하게 걸어가거나, 가족의 만류에도 흔들림 없이 한 길로 정진하여 성공하는 대부분의 사람들은 전생의 깊은 원력과 노력이 함께하고 있기 때문입니다.

아무쪼록 부모님들은 이를 잘 생각하여, 우리의 아들딸들이 원력을 세우고 다생토록 익혀온 능력을 이 생에서 크게 발전시킬 수 있도록 이바지를 해야 합니다.

또한 크게 성취할 자질이 보이지 않을지라도, 지난 생에 세운 원을 갈고 닦는 이 생이 되도록 도와주어야 합니다. 그래야만 우리의 아들딸들이 참으로 잘 살아날 수 있습니다.

그러므로 우리의 아들딸들이 한쪽을 바라보며 노력하고 또 노력한다면, 부모인 '나'의 마음에 차지 않을지라도 그 길을 걷도록 허락해 주어야 합니다.

'전생의 업도, 앞도 보이지 않는데 허락은 무슨?'

이러한 생각으로 막기만 하여서는 안 됩니다. 철이 덜 들었다며 무시해서도 안 됩니다. 왜? 지금 하고자 하는 것이 다생에 맺은 인연과 관련이 있기 때문입니다. 그리고 '자식 이기는 부모 없다'고, 마침내는 허락을 할 것입니다.

원리가 이러하거늘, 굳이 반대하는 까닭이 무엇입니까? 부모와 자식이 처음부터 이해의 채널을 맞추어, 그

길을 함께 걷고 함께 느낀다면 얼마나 좋겠습니까?

우리 자녀들의 자라나는 시절을, 부모와의 반목때문에 힘들게 지내도록 하여서는 안 됩니다. 스스로가 나아가고자 하였듯이, 포기하는 것도 스스로가 해야 합니다. 억지로 막으면 반항만 하고 엉뚱한 길로만 나아갈 뿐입니다.

그러므로 부모인 내가 먼저 자식에 대한 집착을 비우고, 자식의 생각과 소질과 노력을 살펴보아야 합니다.

그리하여 일시적인 감정이 아니라면 허락을 하고, 최선을 다하는 자세로 뒷받침을 해주어야 합니다. 우리의 자녀들이 부모의 반대로 하고 싶은 일을 하지 못하고 인생을 허비하는 일이 없도록 해야 합니다.

물론 현재의 부모가 자식의 갈 길을 반대하는 것이 맺힌 업연業緣때문이기도 하지만, 맺힌 업연 때문이라면 부모가 먼저 풀어야 합니다. 무엇을 어떻게 풀어야 하는가?

가장 먼저, '너는 내가 사랑하는 자식'이라는 집착에 빠져 '내 말을 들어야 한다'는 것을 강요함으로써 생긴 매듭부터 풀어야 합니다. 집착으로 굳어져 있는 '나'의 마음부터 풀어야 합니다.

그리고 자식의 말에 귀를 기울이며 자식의 소질을 유

심히 살피고 자식의 뒤를 꾸준히 받쳐줄 때, 다생다겁 동안 사랑하기 때문에 맺혀졌던 업들이 모두 풀리게 됩니다.

맺힌 것이 풀리고 나면 어떻게 됩니까?

다 좋아집니다. 다 좋아지는 그때가 되면 무엇을 반대하고 가로막고 싫어하겠습니까?

만약 자녀들의 교육이나 장래의 문제들 때문에 서로 갈등을 겪고 계신다면, 이와 같은 부처님의 가르침에 준하여 지혜롭게 돌아보시기를 두 손 모아 당부드립니다.

태양과 같은 아버지
봄바람 같은 어머니

　실로 이 땅의 부모들은 참으로 자녀들에게 잘합니다. 그렇게 정성스러울 수가 없고, 그렇게 사랑이 클 수가 없습니다. 그런데도 '어떤 부분에 대한 집착만은 놓아버려야 한다'고 자꾸 강조하는 까닭은, 그렇게 하여야만 부모와 자식이 함께 살아나고 함께 행복을 누릴 수 있게 되기 때문입니다.

　부모는 잘못되고 자식만 잘되거나, 자식은 잘못되는데 부모만 편안한 결과를 맞는다면 어찌 '잘 살았다'고 할 수 있겠습니까? 그러므로 부모로서의 지나친 욕심, 부모이기 때문에 갖게 되는 집착을 비울 필요가 있다고 한 것이요, 현재 해결의 열쇠를 쥐고 있는 분이 부모이기 때문에 부모님을 향해 당부를 드린 것입니다.

　우리 자녀 사랑의 근본을 반야般若에 두었던 부처님

께서는, 자녀들을 반야로써 키우라고 하셨습니다. 맑고 밝은 반야로써 키우라고 하셨습니다. 자녀들을 반야로 키워야, 영원하고 행복하고 자유자재하고 번뇌가 없는 바라밀(성취)을 이룬다고 하셨습니다.

그럼 반야는 어떻게 할 때 발현되는 것인가?

『금강경』에서는 '무주상無住相하라'고 하였습니다. 자식에게 집착하지 않아야 반야를 이룬다는 것입니다.

또 '응무소주이생기심應無所住而生其心'이라 하였습니다. '마땅히 머무르는 바 없이 마음을 내어라.'

곧 상에 집착하거나 머무르는 바 없이 자연스럽게 마음을 내고 쓰면 금강金剛과 같은 반야를 이루고, 바라밀을 성취한다고 하였습니다.

그리고 『반야심경』에서는 '조견오온개공照見五蘊皆空 도일체고액度一切苦厄', 곧 '오온이 공함을 비춰어 보면 일체의 괴로움을 벗어난다'고 하였습니다.

이 오온은 바로 '나'입니다. 우리가 집착하고 있는 물질적 정신적인 '나'가 실체가 없는 공임을 비추어볼 수 있으면, 모든 괴로움을 벗어난 바라밀이 저절로 성취된다는 가르침입니다.

이렇게 모든 대승경전에서는, '정말 잘살려면 집착부터 비워야' 함을 강조하고 있습니다.

하지만 우리는 다생다겁이라는 너무나 오랜 기간 동안 집착 속에서 살아왔기 때문에, 집착을 비우는 것이 쉽지가 않습니다.

익혀온 버릇이 집착의 삶인데다, 집착을 버리고자 하여도 어느 순간에 무명無明이라는 번뇌가 앞을 가려서 집착하지 않는 우리를 불안하게 만듭니다. 그래서 다시 집착 속으로 빠져들어 갑니다.

참으로 집착을 비우기란 쉽지가 않습니다. 그리고 어떤 사람들은 '비우라'는 이 말에 대해 오히려 의문을 가집니다.

"집착을 비우고 어떻게 자식을 키울 수 있는가? 무엇으로 자녀교육의 중심을 잡으라는 것인가?"

이에 부처님께서는 한결같은 가르침을 주셨습니다.

"정성은 다하되 집착은 비워라. 지금 이 순간에 온전히 베푸는 것으로 끝내어라. '잘되어야 하는데', '꼭 이루어야 하는데' 등의 집착을 하지 말아라. 부모는 무위법으로 자식을 키워야 한다."

무위법無爲法! 무위법은 집착함이 없는 법입니다. 지금 이 순간에 충실할 뿐, 뒤가 없는 법입니다.

'해주었다.'

'정성을 다하는데도 지 아이는 왜 저럴까?'

'해주었으니 돌아오는 것이 있겠지.'

이러한 집착이 없는 것이 무위법입니다. 마치 태양과 같고 봄바람과 같은 것이 무위법입니다.

태양이 온 세상을 비출 때를 생각해 보십시오. 태양은 높은 산 낮은 골, 정원수와 야생화, 생물과 무생물을 구별하여 빛을 비추지 않습니다. 마냥 빛을 뿜어 산에도 비춰 주고, 사람·동물·풀·나무·바위·흙 할 것 없이 만물을 모두 비추어 줍니다. 이것이 무위법입니다.

우리의 가족 중, 이 태양과 같은 존재는 아버지입니다. 그러므로 **아버지는 태양처럼** 가족을 비추어 주어야 합니다. 태양이 '내가', '누구에게', '비춰 준다'는 생각 없이 온 누리에 빛을 주듯이, '아버지인 내가 노력하여 가족을 먹여 살린다'는 생각 없이 빛을 비추어 주어야 합니다.

빛을 발하여 어둠을 밝히는 것이 태양의 의무이듯이, 가족의 빛이 되는 것은 아버지로서 당연히 해야 할 바입니다. 아버지가 집착을 함이 없는 무위의 태양이 되면 온 집안은 저절로 밝아지고, 밝아지면 어둠 때문에 걸렸던 것도 문제가 되었던 것도 없어집니다.

또한 어머니들은 **봄바람과 같이** 집안을 포근하게 만들어야 합니다.

봄이 되면 봄바람이 붑니다. 봄바람이 불면 얼었던 대지가 풀리고, 나무들이 싹을 틔워 꽃을 피우고 성장을 시작합니다. 봄바람의 혜택으로 만물이 소생하는 것입니다. 그러나 봄바람은 집착이 없습니다.

'저 나무는 잘 생겼으니까 빨리 자라도록 해줘야지.'

'진달래꽃은 예쁘니까 바람을 많이 주고, 개나리는 미우니까 바람을 주지 말아야지.'

이러한 분별이 봄바람에게 있습니까?

'저 꽃은 나의 기운으로 피어났으니 내 것이야. 내가 없었으면 너희도 없어!'

이렇게 봄바람이 자랑을 합니까? 아닙니다. 봄바람은 바람을 주는 것으로 만족하며, 불고 지나가면 다시는 지나간 자리로 돌아오지 않습니다.

이것이 바로 집착함이 없는 무위의 사랑이요, 조건 없는 사랑입니다.

어머니의 자녀 사랑은 사랑의 극치인 조건 없는 사랑이라고 합니다. 하지만 조건 없는 사랑을 이루려면 봄바람과 같이 베풀어야 합니다. 정성의 봄바람이 되어 집안을 포근하게 만들면, 아들은 아들대로 딸은 딸대로 남편은 남편대로 아내는 아내대로, 그 사랑 속에서 가자의 그릇 띠리 살아나고 실러집니다.

각종 가정문제의 원인, 고통의 원인은 너무나 간단명료합니다. 바로 집착입니다. 집착 때문입니다. 그러므로 집착을 비우면 모든 문제가 생각 이상으로 쉽게 풀리고, 고통으로부터 해탈할 수 있습니다.

집착을 비워라!

하지만 오해는 하지 마십시오. '비우라'는 것이 모든 것을 다 버리라는 것은 아닙니다. '나'의 집착을 비우라는 것입니다. 내 중심의 생각, 내 방식의 고집을 비우라는 것일 뿐, 자식을 사랑하는 마음을 비우고 자식에 대한 정성을 버리라는 것이 아닙니다.

부디 태양처럼 봄바람처럼 집착 없는 사랑, 조건 없는 사랑을 해보십시오.

자식을 호령하고 자식에게 끌려다니는 호랑이 같은 아버지에 양 같은 어머니가 되지 말고, 태양과 같은 아버지에 봄바람 같은 어머니가 되어 자식들에게 이바지해 보십시오. 참으로 집안이 극락으로 바뀝니다.

기왕지사 자식을 그토록 사랑하는 바에는 극락을 이루는 사랑을 해야 하지 않겠습니까?

나무마하반야바라밀.

제2장
4무량심으로 자녀 사랑을

자녀를 향한 무량심無量心

불교의 자녀 사랑에 대한 방법론을 이야기하기 전에, 부모 위치에 있는 분들은 '나' 자신을 돌아볼 필요가 있습니다. 부모님들께서는 스스로에게 다음과 같은 질문을 던져 보십시오.

- 나는 자녀를 잘 뒷바라지할 복을 지니고 있는가?
- 자녀를 훌륭하게 키울 지혜를 갖추고 있는가?
- 자녀에게 집착 없이 베풀고 구속하는 마음 없이 베풀고 있는가?

이 질문에 대해 '그렇다·아니다'라는 답을 분명히 내릴 수 있다면 앞으로의 자녀 사랑에는 문제가 없을 것입니다. 그야말로 서로가 서로를 살리는 관계를 유지할 수 있습니다. '그렇다'고 확신하면 그대로 실천을 하면 되고, '아니다'는 생각이 들면 잘못을 고치고 힘을 기르면 되기 때문입니다.

하지만 답이 애매한 분은 자녀 사랑법을 새롭게 정립할 필요가 있습니다.

불교의 자녀 사랑법! 그 방법은 매우 많지만, 압축을 하면 자慈·비悲·희喜·사捨의 4무량심四無量心으로 모아집니다.

네 가지 무량한 마음! '무량하다'는 것이 무엇입니까? '끝없다·가이없다·한량이 없다'는 말입니다. 써도 써도 다함이 없다는 것입니다.

우리가 일평생을 살면서 감히 어느 누구에게 무량한 마음을 쏟습니까? 친구에게 끝없이 베풉니까? 애인에게 한량없이 줍니까? 불자라 하여 부처님께 가이없는 신심을 바칩니까?

이기심이 발동하면 친구도 끝이요, 자존심이 상하면 애인도 그만이며, 자신이 편안하고 교만해지면 부처님께도 정성을 다하지 않습니다.

내가 이 세상에서 가이없는 사랑을 하고 한량없이 베푸는 존재는 내 아들딸뿐입니다. 자식에 대해서만은 이기심도 자존심도 다 죽이고 삽니다.

물론 잠깐잠깐씩은 화를 내기도 하고, 내 마음과 같이 움직여 주기를 바라지만, 결국은 자식을 위해 마지막 자존심까지 다 버리고 어떠한 희생도 감수합니다. 오직 내 자식이 잘되기만을 바라면서….

🌼

조선 초기의 명재상으로 널리 알려진 황희黃喜 정승에게는 수신守身이라는 이름의 아들이 있었습니다. 말단 관직에 있었던 수신은 기방妓房 출입을 즐겼을 뿐 아니라, 온갖 실수에 망나니짓을 저지르고 다녔습니다.

황희 정승은 수신을 앉혀 놓고 알아듣도록 수없이 타일렀지만, 그 순간만 반성할 뿐 아무 소용이 없었습니다. 어느 날 황희 정승은 다시 아들을 불렀습니다.

"내 오늘은 긴말을 하지 않겠다. 네가 한 번만 더 기방을 출입한다면 내 자식으로 여기지 않을 것이다. 그때부터 너와 나는 부자지간이 아니다."

아버지의 추상같은 선언을 들은 수신은 그날부터 마음을 굳게 먹고 몸조심을 했습니다. 그러나 열흘 정도가 지나자 아리따운 기생과 술이 눈앞에 어른거려 참을 수가 없었습니다.

'에라, 모르겠다. 오늘 한 번만 몰래 가고, 다시는 가

지 말아야지.'

'한 번만'이라며 다시 기방을 찾은 아들은 다음날도 또 그다음 날도 기방을 찾아가고 말았습니다. 이 사실을 알게 된 황희 정승은 새벽부터 기방 문 앞에서 아들이 나오기를 기다렸습니다. 아들은 해가 중천에 떠올랐을 때 크게 하품을 하며 기방에서 나왔고, 황희 정승은 아들에게 다가가 절을 하였습니다.

"나리, 밤새 안녕히 주무셨습니까?"

아들은 기겁을 하였습니다.

"아버님! 제가 잘못했습니다. 어서 집으로 가시지요."

"아닙니다, 나리. 제가 모시고 갑지요."

황희 정승은 아들을 부축하여 집으로 돌아온 뒤, 아들에게 다시 큰절을 하였습니다.

"어느 댁의 귀공자이신지요? 재산이 많은 대감집 자제분이 아니면 그런 곳에 출입을 못하실 텐데, 부친이 어느 대감이십니까?"

"아버님, 죽을죄를 지었습니다. 용서하여 주십시오."

"아닙니다. 제게도 수신이라는 이름의 아들이 있었으나 얼마 전에 잃었습니다. 뉘 집인지는 모르겠으나, 건국한 지 얼마 되지 않아 할 일이 많은 이 나라의 대감 댁 자제가 기방 출입으로 세월을 보내어서야 되겠습니까? 남의 부모지만 안타까워 이러는 것입니다."

수신은 봄둘 바를 몰라하다가 참회의 눈물을 흘렸고, 그 뒤부터 마음을 고쳐먹고 열심히 노력하여, 훗날 아버지 못지않은 정승이 되었습니다.

§

조선시대 최고의 정승으로 존경받았던 황희. 그분이 자존심이 없어 이렇게 했겠습니까? 아들이 정승인 자신의 얼굴에 먹칠을 하기 때문에 이렇게 했겠습니까? 물론 아니라는 것을 다 아실 것입니다. 자식에 대한 무한한 사랑으로 아들에게 큰절을 하고, 무심한 척하며 충격요법을 쓴 것입니다.

황희 정승의 마음 밑바닥에 가득한 그 무량심! 무량심이 있으면 자녀 사랑에 문제가 될 것이 없습니다. 무량심으로 우리의 자식을 키운다면 자녀 사랑의 지혜는 저절로 터득될 수가 있습니다. 이제 부처님께서 설하신 4무량심을 기초로 하여 자녀 사랑의 방법을 함께 살펴봅시다.

자무량심慈無量心
부모 사랑의 기본은 자애

4무량심의 첫째는 자무량심慈無量心이며, '자慈'는 자애慈愛입니다. 따라서 자무량심은 '자애로운 마음이 한량없다'는 것입니다.

그런데 왜 4무량심 중에서 자무량심을 첫째로 둔 것인가? 자애가 사랑의 기본이 되기 때문입니다.

그러나 자애라 하여 단순한 애정만으로 이루어지는 것은 아닙니다. 정성과 자상함으로 자녀의 능력을 개발시켜 주고 선한 길로 더욱 잘 나아갈 수 있게 해주어야만 자무량심이 성취됩니다. 정성과 자상함….

✿

어느 날, 직장을 다니며 가끔씩 불교신행연구원의 행사에 참여하는 한 어머니로부터 전화를 받았습니다.

그녀는 고민스럽다는 듯이 이야기하였습니다.

"직상에 다니랴, 어린 두 아이를 보랴, 아내 노릇을 하랴, 참으로 시간이 모자랍니다. 어떤 때는 내가 아이들의 어머니 노릇을 잘하고 있는지조차 의심스럽고, 직장을 꼭 다녀야 하는지 회의를 느낄 때가 있습니다."

그녀에게는 당시, 초등학교 3학년과 유치원에 다니는 두 딸이 있었습니다. 경제적인 여유와 개인적인 성취를 위해 직장에 다니기는 하였지만, 딸들과 많은 시간을 함께하지 못하고, 딸들에게 충분한 사랑을 주지 못하는 것이 괴로웠던 것입니다.

더욱이 직장에서의 일거리를 집에까지 싸 들고 와서 해야 하는 날도 참 많았습니다. 나는 몇 가지 주변 사항을 물어보고는 그녀에게 말했습니다.

"무엇보다도 마음을 명랑하게 갖도록 하십시오. 엄마가 우울하면 아이들은 저절로 우울해지고, 엄마가 명랑하면 아이들도 활달해집니다. 그리고 스스로의 처지를 탓하기 전에 내가 아이들에게 어떻게 대하고 있는지를 다시 한번 돌아볼 필요가 있습니다. 아이들과 대화를 얼마만큼 하고, 얼마나 잘 놀아 주고 있는지를…. 온 마음을 기울여 아이들의 이야기를 들어 주고, 집중하여 아이들과 놀아줍니까?"

그녀는 아니라고 했습니다. 그리고 직장에서는 아이들 걱정, 집에서는 처리해야 할 직장의 일로 고민을 한다는 것이었습니다.

"아이들은 24시간 내내 어머니와 같이 있어야만 행복을 느끼는 것이 아닙니다. 아이들도 엄마가 직장을 다녀야 한다는 것을 알면, 어리지만 이해를 할 줄 압니다. 오히려 문제로 삼는 것은, 하루종일 기다린 엄마가 '나를 어떻게 대하느냐' 하는 것입니다.

양보다는 질입니다. 늘상 함께하는 것보다 함께할 때 열심히, 그리고 정성껏 한다는 것이 더 중요합니다. 이제부터는 집중하여 대화를 나누고, 집중해서 함께 놀아보십시오. 그래도 변화가 없다면 다시 연락을 주십시오."

저녁이 되어 엄마는 아주 명랑한 표정을 지으며 집으로 들어섰고, 아이들은 엄마의 밝은 표정을 보고는 이야기를 나누고 싶어 했습니다.

그날도 할 일은 잔뜩 있었지만, 엄마는 모든 일을 제쳐두고 두 딸의 이야기를 들어 주었습니다. 해야 할 일이나 다른 생각들이 떠올라도 모두 무시하고 두 딸의 이야기에 집중했습니다.

두 딸은 정말 신이 나서 그날 있었던 일들을 참으로

열심히 이야기하였고, 세 모녀는 너무나 즐거운 대화의 시간을 보내었습니다. 물론 딸들에게 이렇다 할 특별한 일이 있었던 것도 아니었고, 엄마가 특별한 말을 하지 않았는데도….

그런데 이튿날도 그녀는 행복감에 젖어 있었고, 가족에 대한 사랑과 고마움이 가득했습니다. 그녀는 믿기지가 않았습니다.

그저 마음을 모아 열심히 들어 주기만 하였는데도 큰 행복감을 느낄 수 있다는 사실에 대해.

그리고 사랑하는 사람의 이야기를 집중해서 들어 주면 그 사람과의 관계까지도 변하게 된다는 것에 대해.

며칠 후 일요일이 되었을 때, 엄마는 두 딸과 함께 아파트의 놀이터로 갔습니다. 평소에는 아이들에게 '조심해라'는 등의 충고를 하고 옆에서 지켜보며, 아이들과 직장 또는 집안일 사이에서 걱정을 하였지만 그날은 달랐습니다. '아이'와 '해야 할 일' 사이에서 줄다리기를 하는 자신이 어리석게 느껴져, 남편까지 설득하여 두 딸과 적극적으로 놀기 시작했습니다.

네 식구는 함께 그네도 타고 미끄럼도 타고 흙장난도 했습니다. 다른 일은 생각하지 않고 실컷 놀이를 즐겼습니다. 다른 사람의 눈에는 이상하게 보였을지 모르지만, 그녀의 가족은 놀이에 푹 빠져 마음껏 즐겼습니다. 그날, 아이들이 얼마나 좋아했겠습니까? 그리고 저녁이 되자 남편이 말했습니다.

"오늘 정말 멋진 시간을 보냈어. 우리는 그동안 너무 일에 치여 산 것 같아. 그렇다고 일을 능률적으로 한 것도 아니잖아. 마음의 짐만 지고…. 앞으로는 좀 더 인간답게 삽시다."

조그마한 체험. 그 일이 있은 다음 그녀의 삶은 달라졌습니다. 자녀 교육도 남편 사랑도 직장의 일도 함께 잘할 수 있게 되었습니다. 마음을 바꾸고 집중을 함으로써 세상이 바뀐 것입니다.

⚓

집중하여 정성껏 자녀들의 이야기를 들어 주는 것, 마음을 다해 놀아 주는 것, 이것이 자녀와 연결되는 마음의 줄입니다. 자애의 줄입니다.

아무리 자식에게 좋은 잠자리, 좋은 옷, 좋은 음식을 준다고 할지라도, 부모 자식 사이에 이어져 있는 마음의 줄이 끊어져 버리면 공허함과 불만을 느끼게 됩니다.

그러므로 아이들과 함께하는 그 시간을 잘 살려야 합니다. 짧은 대화시간일지라도 열심히 들어 주십시오.

아이에게 훈계만 자꾸 하거나 아이를 고치려고 하기보다는 열심히 들어 주십시오.

다른 일에 정신을 팔지 않고 아이의 말을 집중하여 들어 주는 것! 그것만 하여도 아이들은 자신이 부모로부터 사랑을 받는다는 것을 느끼게 되고, 따라서 부모 자식 사이의 사랑은 더욱 깊어집니다.

또한 자식을 위해 시간을 내십시오. 그리고 그 시간만은 열중하십시오. 그 순간만큼은 아이가 되어 함께 열심히 놀아보십시오. 사랑하는 아이들과 열심히 함께 하는 것은 '나'와 가족 모두에게 더할 나위 없는 소중한 선물이 될 뿐 아니라, 자애심을 무량하게 키워갈 수 있습니다.

자무량심은 결코 어려운 것이 아닙니다. '사랑의 마음으로 집중을 하는 것.' 이것이 자무량심을 기르는 첫 번째 비결임을 꼭 기억하시기 바랍니다.

또 하나의 이야기를 하겠습니다.

❀

남편과 일찍 사별하고 홀로 외아들을 키우며 사는 과부가 있었습니다. 어머니는 외아들을 훌륭하게 키우는 것을 유일한 행복으로 여기며 갖은 고생을 마다하지 않았고, 아들도 어머니의 뜻을 거역함이 없이 잘 성장하였습니다.

그런데 고등학교 2학년이 되자 아들은 나쁜 길로 빠져들기 시작했습니다. 집안에 숨겨놓은 돈을 몰래 훔쳐 며칠씩 외박을 하였고, 걸핏하면 싸움질을 하여 어머니가 경찰서로 가서 데리고 와야 했습니다. 구슬리고 달래고 매도 때려보았지만, 아들은 더욱 옆길로 나아갔습니다.

절망 속에서 나날을 보내던 어머니는 스님을 찾아가 울면서 방법을 물었습니다.

"오늘부터 한 시간씩 '관세음보살'을 부르면서 백일 기도를 하되, 기도가 끝나면 곧바로 아들의 잘한 점을 기록하는 칭찬일기를 쓰도록 하시오."

어머니는 집으로 돌아와서 한 시간 기도를 한 다음 칭찬일기를 써보고자 하였지만, 아무리 생각해도 한심한 아들에 대한 칭찬거리가 생각나지 않았습니다. 그렇다고 거짓말로 쓸 수도 없어 이틀 동안 아무것도 쓰지 못했습니다.

사흘째 되는 날, 밤늦게까지 일기장을 붙잡고 '억지로라도 써야지' 하고 있는데, 아들이 술에 취한 채 들어오더니 방으로 들어가 잠을 잤습니다.

'아, 오늘은 아들이 늦게 들어와서 그냥 잠을 잤다.'

집에 들어와서 잠을 자는 것은 분명 집에 늘어오지 않는 것보다 칭찬할 일이었기에 어머니는 그것을 일기장에 기록하였고, 이렇게 생각해보니 다음 날, 그다음 날에도 칭찬할 만한 것이 하나둘이 아니었습니다.

'오늘은 경찰서에서 오라는 말을 하지 않았다.'

'오늘은 아들이 아침을 한 그릇 다 먹고 나갔다.'

'우리 아들의 몸은 건강하다.'

이렇게 매일매일 기도하고 칭찬일기를 쓰다 보니 온통 칭찬할 일뿐이었고, 어머니는 마음이 푸근해지면서 아들의 어떤 행동에도 사랑의 미소로 대할 수가 있었습니다.

이렇게 석 달가량 기도를 하고 칭찬일기를 썼을 때 아들은 어머니 앞에 무릎을 꿇고 용서를 빌었습니다. 그리고 열심히 공부하여 명문대학에 입학을 하였습니다.

§

아들이 어떻게 하여 이렇게 바뀐 것일까? 물론 관세음보살을 외우며 기도를 한 덕분도 있을 것입니다. 그러나 그보다 더 중요한 것은 어머니의 칭찬입니다.

빗나간 아들을 걱정하고 바라볼 때마다 일그러졌던

어머니의 얼굴이 칭찬일기를 쓰면서부터 차츰 미소가 떠오르고 밝아지기 시작했습니다.

근심걱정을 하고 미워하는 것이 아니라, 칭찬을 하다 보니 얼굴이 바뀌었습니다. 찌푸렸던 얼굴이 자애롭게 바뀐 것입니다. 그리고 그 자애로운 얼굴을 대하며 아들은 무언지 알 수 없는 맺힌 마음을 풀고 어머니의 품으로 다시 돌아온 것입니다.

우리는 이 원리를 잘 기억해야 합니다. 또한 우리의 아이들이 '부모의 긍정과 칭찬을 정신적인 양식으로 삼는다'는 것도 잘 새겨놓아야 합니다.

자애롭다는 것이 무엇입니까? 부정보다는 긍정을 해주고, 무시하는 것이 아니라 인정을 해주는 것이며, 꾸중보다는 칭찬을 아끼지 않는 마음가짐입니다.

"정말 잘했구나."

"그래, 능히 그렇게 할 수 있지. 대견하구나."

"차츰 잘할 거야. 걱정 마."

이것이 사랑하는 자식을 향상의 길로 이끄는 지름길이요, 자무량심의 길이라는 것을 꼭 기억하시기 바랍니다.

비무량심悲無量心
잘못할 때는 절복折伏을

4무량심의 두 번째인 비무량심悲無量心의 '비悲'는 '슬퍼한다'는 뜻입니다. 무엇을 슬퍼하는가? 그릇된 길로 나아가 잘못되는 것을 슬퍼하는 것입니다.

그러나 비심悲心에는 슬픔만 간직되어 있는 것이 아닙니다. 측은한 마음과 함께 때로는 강한 꾸짖음을 내리기도 하고, 절복折伏을 하는 것도 주저하지 않습니다.

'꺾을 절折'에 '굴복시킬 복伏', 좋은 말로 하여도 계속 그릇된 길로 나아갈 때는 꺾어서 굴복을 시킨다는 것입니다. 곧 앞에서 살펴본 자무량심은 거두어들이는 섭수攝受요, 비무량심은 절복입니다.

따라서 자비로써 자식을 올바로 키우려면 거두어들이는 섭수를 기본으로 하되, 때로는 절복을 시킬 줄도 알아야 합니다. 일찍이 부처님께서도 하나뿐인 아들 라후라의 버릇을 고치기 위해 절복의 방법을 택했습니다.

❀

라후라는 착한 성품을 가지고 있었으나 장난기가 심하여, 때때로 부처님께서 계신 곳을 달리 일러주는 등의 작은 거짓말로 사람들을 속이고는 즐거워하였습니다. 라후라가 17세가 되었을 때 부처님께서는 그러한 사실을 전해 듣고, 라후라에게 대야에 물을 떠 와서 당신의 발을 씻게 한 다음 물었습니다.

"너는 이 물을 마실 수 있느냐?"

"없습니다."

"왜?"

"발을 씻어 더러워졌기 때문입니다."

"너도 이 물과 같다. 수도에 힘을 쓰지도 않고, 계행을 지키지도 않는다. 삼독三毒의 때를 가슴에 가득히 안고 있어 마치 이 물과 같이 더럽혀져 있다."

그리고는 그릇의 물을 버리게 한 후, 다시 물었습니다.

"너는 이 그릇에 음식을 담을 수 있겠느냐?"

"없습니다."

"왜?"

"손발을 씻은 물그릇이기 때문입니다."

"거짓말을 하고, 마음속에 도를 닦을 틈이 없는 너 또한 더러운 물을 담은 그릇과 다를 바가 없다. 어찌 마음의 양식이 될 수 있는 것들을 담을 수 있겠느냐?"

말을 끝낸 부처님께서는 물그릇을 발로 찼고, 그릇은 저만큼 굴러갔습니다. 이어 부처님께서는 라후라가 일찍이 보지 못했던 준엄한 얼굴로 꾸짖었습니다.

"너는 행동을 조심하지 않았고, 거짓말을 하여 사람을 괴롭혔다. 너는 누구에게도 사랑을 받지 못할 것이다. 지혜로운 자로부터 아낌을 받지 못한 채 미혹 속에 헤매기를 이 물그릇과 같이 할 것이다. 깊이 명심해라."

준엄한 부처님의 꾸중을 새겨듣고 결심을 새로이 다진 라후라는 계율을 지키고 정진에 힘을 다하였으나 쉽게 깨달음을 얻지 못했습니다.

20세가 되던 어느 날 라후라는 사리불 존자와 기원정사를 나와 왕사성으로 탁발을 하러 갔습니다. 그때 한 악한이 모래를 사리불의 바루에 넣었을 뿐 아니라, 라후라의 머리를 내리쳤습니다. 얼굴로 피가 흘러내리고 있었지만 라후라는 이를 악물며 참았습니다.

물가에 도착하자 라후라는 물에 비친 피투성이의 얼굴을 보고는 물로 얼굴을 씻고 조용히 말했습니다.

"이 세상에는 악인이 많이 있군요. 이 세상은 좋지 않은 일이 많은 곳이군요. 그러나 저는 결코 화를 내지 않습니다. 오히려 바른 법을 모르는 그 사람들을 어떻게 해야 인도할 수 있을까를 생각합니다."

사리불 존자는 라후라를 데리고 부처님을 찾아가서 그 이야기를 하였고, 부처님께서는 라후라의 인욕을 칭찬하신 다음 설했습니다.

"삼라만상과 몸과 마음이 무상하다고 생각하여라. 그러면 모든 집착이 사라지고 깨달음을 얻을 수 있다."

법문을 듣는 순간 라후라는 문득 마음이 우주를 향하여 열리는 것을 느꼈습니다. 그는 홀로 기원정사로 돌아와 좌선을 하였고 드디어 깨달음을 얻었습니다.

그때 부처님께서도 한없이 기뻐하였다고 합니다.

§

실로 부처님은 아들 라후라를 통하여 가장 원만한 인간으로 다시 부각됩니다. 아버지이면서도 인정에 왜곡되지 않고 아들에게 수행의 채찍을 내린 부처님의 깊이 있는 가르침! 이 속에서 우리는 부처님께서 모든 중생에게 내린 깨달음의 빛을 더욱 깊게 느낄 수 있습니다.

그런데 불자인 우리는 어떠합니까? 사랑하는 자녀들의 행복에 깊이 집착하여 지나치게 욕심을 부리지는 않습니까? 내 자식만은 행복해야 하고 무조건 잘 되었으면 하시는 않습니까?

물론 대부분의 부모는 그렇지 않을 것입니다. 법도 있게 자녀를 기를 것입니다. 하지만 팔이 안으로 굽는다고, 때로는 내 자식을 무조건 예뻐하고 무조건 감싸는 이도 있을 것입니다. 그런데 이것이 문제가 되어 자식을 그르칩니다.

참으로 자식사랑은 법에 맞게 순리대로 하여야 합니다. 지나친 집착과 욕심은 이 법계法界의 법칙을 거역할 뿐이요, 거역하면 더 큰 불행이 다가오기 마련입니다.

그러므로 자녀 사랑 또한 법에 맞게 생각하고 법에 맞게 실천해야 합니다. 이제 고요한 마음으로 되돌아보십시오. '나는 과연 아들딸을 법에 맞게 사랑하고 있는지'를….

부모와 자식은 한평생 깊은 정을 나누며 사는 소중한 인연입니다. 따라서 당연히 서로를 이해하고 서로 양보하고 희생하며 살아가야 합니다. 의무와 애정만으로 사는 것이 아니라, 서로서로 정신적인 향상을 이루고 남을 위하는 마음가짐으로 살도록 해야 합니다.

그러나 무조건 잘해 주기만 하는 것은 부모 자식 사이의 좋은 인연을 오랫동안 유지하는 방법이 아닙니다.

나쁜 일에 서로 동조하고, '우리'밖에 모르는 우리의 성을 쌓아서는 안 됩니다. '우리'라는 울타리를 치고 우리만 잘살겠다고 하다 보면 결국 그릇된 업만 키워 '우리' 모두가 죄악의 수렁으로 빠져들고 맙니다.

자식을 너무나 사랑하는 부모가 그 사랑 때문에 자식이 원하는 모든 것을 다 해주면서 이기적으로 키웠다고 합시다. 베풀 줄도 지킬 줄도 참을 줄도 모르는 그 아이는 사회에 적응도 못 할 뿐 아니라, 남은커녕 제 자신도 구제하지 못하는 비참한 존재로 전락하여 버립니다. 이것을 어찌 참된 자녀 사랑이라 할 수 있을 것이며 좋은 인연이라고 할 수 있겠습니까?

진정으로 자식을 사랑하고 좋은 인연이 오래 유지되기를 원한다면, 우리의 자식들에게 비심悲心을 발동시켜 절복을 할 줄도 알아야 합니다.

그리하여 깊은 사랑과 함께, 베풀고 지키고 참을 줄 아는 능력을 길러주어야 합니다. 모든 악을 짓지 않고 모든 선을 받들어 행하는 '제악막작諸惡莫作 중선봉행衆善奉行'의 삶을 열어주어야 합니다.

우리 불자들은 잘 알고 있을 것입니다. 흩어지고 모이는 것이 인연의 속성이라는 것을! 따라서 아무리 사랑하는 부모·자식 사이라 할지라도 인연이 다하면 헤어져야 합니다. 그렇지만 현세에 맺은 인연은 또 다른 씨가 되어 새로운 인연을 탄생시킵니다.

그러므로 바로 이 자리에서 더욱 마음을 기울여 지금의 부모·자식의 소중한 인연을 잘 가꾸어야 합니다. 진정으로 서로를 살리는 일에 마음을 기울이고 노력을 아끼지 말아야 합니다.

『승만경』 속의 승만勝鬘 부인이 발한 십대원十大願 중 제9원에 다음과 같은 구절이 있습니다.

"오늘부터 깨달음의 피안에 이르는 그날까지 정법에 의지하여, 저의 있는 힘을 다해 마땅히 절복折伏을 해야 할 자는 절복하고 섭수해야 할 자는 섭수하겠나이다."

자녀를 진정으로 사랑하는 우리도 마땅히 이와 같은 원을 세워야 합니다. 섭수와 절복을 통하여 참다운 자식사랑을 이루어야 합니다. 그리하여 사랑스런 아들딸들의 탐욕과 분노와 어리석은 마음을 잠재우고, 맑고 밝고 깊은 마음으로 진정한 대자비를 실천하는 사람이 되도록 해야 하지 않겠습니까?

향상의 삶을 여는 희무량심

앞에서는 자비희사慈悲喜捨의 4무량심 가운데 자무량심慈無量心으로 섭수攝受하고 비무량심悲無量心으로 절복折伏하는 방법을 이야기하였습니다. 이제는 4무량심의 세 번째인 희무량심의 차례입니다.

흔히들 희무량심喜無量心이라고 하면 '기쁠 희喜'라는 글자의 뜻에 따라 기쁨이나 즐거움을 떠올립니다. 그러나 4무량심의 '희喜'는 단순한 기쁨이나 세속적인 즐거움이 아닙니다. 수행의 길, 해탈의 길, 깨달음의 길에서 느끼는 향상의 기쁨입니다. 곧 이 '희'는 삶 속에서 차츰 도를 깨쳐가며 느끼는 환희인 것입니다.

여기서 잠깐 과거의 일곱 부처님〔過去七佛〕께서 한결같이 설하신 「칠불통계게七佛通誡偈」를 4무량심과 관련시켜 살펴봅시다.

모든 악을 짓지 말고

모든 선을 받들어 행하며

스스로 그 마음을 깨끗이 하라

이것이 부처님들의 가르침이니라

諸惡莫作　제악막작

衆善奉行　중선봉행

自淨其意　자정기의

是諸佛敎　시제불교

　부처님들께서 불교의 핵심이요 근본 가르침이라며 설하신 칠불통계게! 이 가운데 '모든 선을 받들어 행하라〔衆善奉行〕'는 구절은 자무량심과, '모든 악을 짓지 말라〔諸惡莫作〕'는 구절은 비무량심과 관련이 있습니다.

　그리고 '스스로 그 마음을 깨끗이 하라〔自淨其意〕'는 구절은 희무량심으로, 발심을 하여 완전한 행복과 자유와 깨달음을 추구하는 향상의 삶을 살라는 것입니다.

　이제 이를 부모들의 자녀 사랑에 대입시켜 봅시다.

　부모들은 자식이 선을 행하거나 자식의 선근善根을 길러 주기 위해, 자애심을 발하여 미소 짓고 칭찬하고 힘든 뒷바라지를 마다하지 않습니다.

그리고 그릇된 길로 빠져드는 자녀를 보면 불쌍히 여기고 슬퍼하고 충고를 하며, 그래도 그릇됨을 고치지 않을 때는 분노의 모습을 띠고 매를 드는 절복까지 주저하지 않습니다.

이것이 보편적인 부모의 자무량심과 비무량심입니다.

하지만 '악을 짓지 않고 선하게 살도록' 이끄는 자심과 비심은 세속의 기본적인 윤리일 뿐, 위없는 깨달음을 이루는 일과는 크게 관련이 없습니다. 자심과 비심이 향상의 기본 틀은 만들어 주지만, 향상 그 자체는 아니라는 것입니다.

이에 부처님께서는 '스스로 그 마음을 깨끗이 하라'는 가르침으로 우리의 자녀들을 한 단계 더 끌어올리고자 하셨습니다. 완전한 깨달음을 향한 향상의 길을 열어 주고자 하신 것입니다.

스스로의 마음을 깨끗이 한다는 것! 청정심淸淨心을 이룬다는 것!

그것은 우리가 본래부터 갖추고 있는 자성청정심自性 淸淨心을 회복한다는 것입니다. 우리의 근본 마음자리는 본래 청정한데, 그 청정심을 회복해 가진다는 뜻입니다. 그리고 그 청정심을 회복할 때 영원 생명과 무한 행복, 대자유와 대해탈을 이룰 수 있다는 것입니다.

그럼 어떻게 하여야 자성청정심을 회복할 수 있는가? 그 원리는 간단합니다. 번뇌가 일어나지 않으면 됩니다. 망상을 놓아 버리면 됩니다. 번뇌망상이 없어지면 본래 청정한 마음자리가 저절로 나타납니다.

하지만 이렇게 되는 것이 쉽습니까? 번뇌망상이 일어나지 않기가 쉽습니까? 중생인 우리로서는 어렵고도 또 어려운 일입니다. 특히 이기적인 번뇌를 다스리기란 참으로 어렵습니다.

그러므로 우리는 자꾸자꾸 서원誓願을 발하면서 닦아가야 합니다. 서원은 맹세요, 거듭거듭 맹세하면 스스로가 바뀝니다.

우리가 법회 때마다 사홍서원四弘誓願을 외우는 까닭도 여기에 있습니다. 마음이 풀어지면 또다시 서원을 발하여 결심을 새롭게 다지며 닦아가야 하고, 닦는 그 속에서 기쁨을 느끼며 향상의 길로 나아가야 합니다.

마음 가득 법열을 느끼며 향상의 길로 나아가는 삶! 그리고 향상 속에서 느끼는 환히로움! 이것이 희무량심입니다.

부처님께서는 우리의 사랑하는 자녀들에게 이것을 가르치라고 하셨습니다.

실로 자심慈心과 비심悲心은 어느 종교에서나 이야기하는 것입니다. 선을 섭수하고 악을 절복하는 것은 모든 사회, 모든 종교가 기본적으로 가르치고 있습니다.

그러나 희무량심喜無量心과 사무량심捨無量心은 다릅니다. 불교만이 가지고 있는 가르침이요, 완전한 행복, 완전한 해탈, 완전한 깨달음을 안겨 주고자 하는 가르침입니다.

과연 부모의 자리에 있는 '나'는 우리의 자녀들에게 어느 정도의 가르침을 주고자 하십니까?

물론 최상의 경지가 무엇이고 그 경지에 이르는 방법을 모를 때는 스스로의 수준에 맞추어 택할 수밖에 없겠지만, 확실히 안다면 완전한 것을 주고자 할 것입니다. 마치 사생四生의 자부慈父이신 부처님께서 중생이라는 아들딸 모두를 부처가 되는 일불승一佛乘의 길로 이끌어들였듯이….

팔정도를 가르쳐라

그럼 어떻게 하여야 우리의 자녀들이 희무량심을 이룰 수가 있는가? 스스로 그 마음을 맑혀 향상의 길로 나아가는 구체적인 방법은 무엇인가?

부처님께서는 그 방법을 여러 가지로 설하셨지만, 가장 기초가 되고 요긴한 가르침은 팔정도八正道입니다.

① 정견正見 : 집착 없이 바로 보라
② 정사正思 : 잘 생각하라
③ 정어正語 : 올바른 말을 하라
④ 정업正業 : 바르게 행동하라
⑤ 정명正命 : 바른 일, 바른 직업을 가져라
⑥ 정정진正精進 : 부지런히 노력하라
⑦ 정념正念 : 신념 속에서 마음을 잘 쓰고 집중하라

⑧ 정정正定 : 마음을 고요히 하라

이상의 팔정도 가운데 앞의 정견·정사·정어·정업은 '악을 짓지 않고 선하게 사는 길'이며, 이것이 '스스로의 마음을 맑히는 향상된 삶'의 기초가 됩니다. 이를 다시 한번 살펴봅시다.

부모는 사랑하는 자녀를,

① 자기중심적으로 세상을 보지 않고 있는 그대로를 바로 볼 수 있게끔 가르쳐야 합니다. 특히 '나' 혼자가 아니라, 인과 연의 관계 속에서 모든 것이 이루어지고 사라진다는 인연법因緣法을 잘 깨우쳐 주어야 합니다〔正見〕.

② 그리고 탐하거나 성내거나 어리석음에 빠져드는 생각들을 스스로 정리할 줄 알고, 진리에 입각하여 상대의 처지나 어려움을 생각할 줄 아는 사람으로 길러야 합니다〔正思〕.

③ 또한 정직하고 진실되고 부드럽고 희망과 용기를 주는 말을 하며〔正語〕,

④ 베풀고 맑히고 살리는 행을 실천할 수 있도록 이끌어야 합니다〔正業〕.

지금 우리가 주제로 삼고 있는 희무량심은 뒤의 네가지인 정명·정성신·성념·성정과 더 깊은 관련을 맺고 있으며, 이 중에서도 정명이 특히 중요합니다.

⑤ **정명**正命을 형식적으로 풀이하면 '바른 일이나 바른 직업을 가지라'는 것입니다. 그러나 이 정명의 밑바닥에는 생명력生命力에 대한 가르침이 숨겨져 있습니다.

생명력! 이 세상은 생명의 기운으로 유지되며, 인간 또한 생명력으로 살아갑니다. 생명력이 있기 때문에 스스로 살아나고자 하며, 스스로를 살려가고자 하는 것입니다. 이 생명력을 불교에서는 불성佛性이라 표현하기도 합니다.

불성! 생명력! 우리의 아이들은 강한 생명력을 지니고 있습니다. 그런데도 부모들은 때때로 '내 아이가 게으르고 약하고 의욕이 없는 아이'라고 생각합니다.

그러나 사실은 그렇지 않습니다. 그 게으름과 나약함과 의기소침함이 특정한 분야에서만 나타나는 현상일 뿐, 모든 점에서 다 그러한 것이 아닙니다.

오히려 젊은 우리의 아들딸들은 부모보다 더 강한 생명력을 발휘하고 있기 때문에 항상 무언가를 하고 싶어 하며, 무언가를 하고 싶어 하는 존재이기 때문에 내

버려 두어도 저절로 의욕이 생겨납니다. 그 뚜렷한 예는 자라나는 아이들을 통해 알 수 있습니다.

자라나는 또래의 아이들은 몇 시간에 걸쳐 흙장난을 하거나 소꿉장난을 합니다. 어른들은 그것을 단순한 아이들의 놀이라고 생각하지만, 그 놀이를 통하여 아이들은 매우 중요한 언어능력·운동능력·협동심·창조력·상상력 등을 익힙니다. 즐거운 놀이를 통하여 중요한 능력을 직접 체득하는 것입니다.

배움은 이와 같이 이루어져야 합니다. 스스로의 생명력에 따라 재미있고 자연스럽게 이루어져야 합니다. 반대로, 아이의 생명력이 아직 발동하지 않았는데도 부모가 강제로 시켜 그 배움을 '괴로운 것'이라고 새기게 되면, 아이에게 있어 그 배움은 싫고도 뼈를 깎는 작업이 되어 버립니다.

배움만이 아닙니다. 학교 공부도 직업도 결혼도 하는 일도 마찬가지입니다.

부모들은 아이에게 해야 할 일을 하라며 채찍질을 합니다.

"왜 농땡이를 쳐! 빨리 공부해! 학원에 가!"

많은 부모들이 자식의 성공을 위해 목표를 세우고 계획을 짜고 스케줄을 관리합니다. 그리고 강권을 동원하여 억지 공부를 시킵니다.

왜 이렇게 합니까? 억지로라도 시키지 않으면 나중에 훌륭한 사람이 될 수 없다는 생각에 사로잡혀 있기 때문입니까? 강제로라도 하지 않으면 낙오자가 될지도 모른다는 두려움을 가지고 있기 때문입니까?

하지만 우리의 자녀들은 그 속에서 죽어갑니다. 부모가 무서워서 억지로 하기는 하지만, 스스로의 의욕을 발휘하지 못합니다.

아이들은 차츰 스스로의 생명력을 잃게 되고, 스스로의 무능을 한탄하며 타락의 길로 빠져드는 경우가 많습니다. 그것도 사랑이 지나친 '나'의 부모를 원망하면서….

적어도 스스로를 믿는 부모라면, 능히 스스로를 살려내는 자녀의 생명력도 믿어 주어야 합니다.

내가 낳고 내 손으로 기른 사랑스런 자식의 타고난 능력을 왜 믿지 못하십니까? 생명력을 온전히 발현시키는 것이 어떠한 성공보다 소중하다는 것을 왜 모르십니까?

물론 어떤 부모는 이 말에 대해 우려를 할 것입니다.

"어떻게 내 자식을 내버려 둘 수 있는가? 내가 할 수 있는 모든 정성을 쏟아야지."

맞습니다. 방치하라는 것도 아니요 정성을 거두어들이라는 것도 아닙니다. 오히려 양을 키우는 사람이 양들에게 넓은 초목지를 주듯이 하라는 것입니다.

좁은 울타리 속에서 자라는 양보다 넓은 초원에서 자유롭게 뛰노는 양이 훨씬 건강하고 보기 좋게 자라지 않습니까?

그리고 하고 싶은 간섭, 목구멍까지 올라온 잔소리를 참으며 지켜볼 수 있다는 것 또한 다른 형태의 지극한 정성인 것입니다.

우리의 자녀들은 결코 사라지거나 줄어들지 않는 바른 생명력인 불성佛性을 간직하고 있습니다. 실로 우리 부모들은 아이들에게 건강한 정신력과 지혜가 내재되어 있다는 것을 믿어야 합니다.

그리고 능력을 믿어 주면, 아이들은 매사에 의욕이 샘솟아 공부나 일 자체를 충분히 즐길 수 있게 되고, 부모는 항상 맑고 밝고 깊은 마음가짐으로 생활하는 우리의 아이들을 발견하게 됩니다.

이제 우리 모두 '바른 생명력! 정명正命'을 외쳐 봅시다. 부처님의 제자답게 자녀들의 바른 생명력을 길러 줍시다. 이 땅에서 사람의 몸을 받아 한평생 우리가 진정으로 해야 할 일은 바른 생명력을 발현하여 향상의 길로 걷는 것입니다.

돈도 명예도 권력도 아닙니다. 생명력을 올바로 발현시켜 스스로의 진실을 체험하는 것. 이것 이상 중요한 일이 없다는 것을 꼭 명심하시기를 당부드립니다.

⑥ 정정진正精進은 '옳거든 부지런히 실천하라'는 것입니다. 물론 정명이 되면 정정진은 자연스럽게 이루어집니다. 의욕이 가득하고 생명력이 넘치기 때문입니다.

하지만 정진을 하다 보면 힘이 드는 일이 많을 것입니다. 그때는 아이에게 용기와 희망을 심어 주십시오. 마음의 두려움을 없애 주고, 무엇보다 중요한 것이 스스로의 자세라는 것을 심어 주십시오. '내가 어떻게 하느냐에 따라 인생이 변한다'는 것을 깨우쳐 주십시오.

할 바를 하지 않고 회피하면 더 큰 불행이 찾아들고, 돈과 명예와 사랑에 집착하여 얽매이면 그릇된 업을 짓게 되며, 나의 바른 생명력을 발휘하며 살면 복덕이 쌓이기 마련이라는 사실을 깨우쳐 주어야 합니다.

⑦ 정념正念은 정진을 할 때 용심用心을 잘하는 것입니다. 바른 신념에 따라 집중을 잘하며 사는 것입니다.

모름지기 정진을 잘하며 목표에 이루고자 하면 바른

신념 아래 원願을 굳건히 세워야 하며, 스스로가 세운 원이 굳건하면 중심을 잘 잡을 수 있으며, 중심을 잘 잡아 번뇌망상에 휩쓸리지 않으면 집중력이 매우 강해집니다. 이렇게 정념에 입각한 집중력이 강해지면 '나' 스스로 '나'를 이길 수 있게 하는 능력이 생겨날 뿐 아니라 성취가 가깝습니다.

⑧ 정념으로 마음을 잘 쓰고 생명력을 기울여 정진을 하면 차츰 복과 덕이 쌓이고 마음이 평안해지는데, 이 경지가 **정정**正定입니다.

이 정정의 자리에 이르면 평화로운 마음으로 살 수가 있습니다. 안락安樂, 안정된 즐거움! 불교적으로 이야기하면 늘 법열法悅 속에서 살게 되며 하는 일마다 성취하지 못할 것이 없으니, 이것이 희무량심입니다.

그리고 정정이 되고 나면 다시 팔정도의 첫 번째인 **정견을 한 단계 높이 끌어올릴 수 있게 됩니다.**

곧 고요한 물에 사물이 있는 그대로 비치듯이, 평화로운 마음으로 세상을 보면 있는 그대로를 볼 수 있게 되고, 있는 그대로를 봄으로써 좋고 싫은 것이 사라지고, 기쁨에도 슬픔에도 흔들림 없이 살아갈 수 있게 됩니다.

이것이 향상입니다. 한 차원 높은 정견!

한 차원 높아져서 바로 보는 삶. 집착 없이 망상 없이 있는 그대로를 바로 보는 삶. 이러한 삶이 되면 저절로 바르게 생각할 수 있고[正思], 거짓된 말·비굴한 말·남의 마음을 상하게 하는 말·기이한 말을 하지 않게 되며[正語], 살생·도둑질·삿된 음행 등의 나쁜 짓을 저지르지 않게 됩니다[正業].

바른 생명력으로 바른 생활 신조를 정립하고[正命], 어려움을 극복하며 꾸준히 정진하고[正精進], 그 정진 속에서 마음을 잘쓰며 살아가는 것[正念]. 그리하여 마침내는 평온한 즐거움을 이루며 사는 것[正定]. 바로 이것이 희무량심의 삶이 아니고 무엇이겠습니까?

불자인 우리가 자녀들에게 꼭 해주어야 할 것은, 자녀들이 팔정도와 같은 법을 자연스럽게 익혀 참으로 평화롭고 향상하는 삶을 살 수 있도록 가르치는 것입니다.

기왕 부처님의 제자가 된 우리. 부처님께서 가장 요긴한 해탈법이라며 거듭거듭 설하셨던 팔정도를, 우리의 자녀들이 생활화할 수 있도록 하는 것이야말로, 부모와 자식이 가장 환희로운 인연을 맺는 일이 아니겠습니까!

사무량심捨無量心

지금까지 우리는 한없는 자애〔慈心〕와 함께, 무서운 절복도 마다하지 않는 비심悲心으로, 그리고 희심喜心을 일으키고 향상의 삶을 열어 주는 팔정도로써 자녀들을 이끌어 줄 것을 이야기하였습니다. 이제 4무량심의 마지막인 사무량심捨無量心을 이야기할 때가 되었습니다.

사무량심의 '사捨'는 버리는 것입니다. 무엇을 버리는가? 자식을 버리라는 말인가? 물론 아닙니다.

『대승의장大乘義章』에서는 '망회칭사亡懷稱捨'라고 하였습니다. '마음에 어떤 생각도 품고 있지 않은 것을 사捨'라고 한 것입니다.

곧 사는 집착하지 말라는 것입니다. 무주상無住相 하라는 것이요, 텅 비우라는 것입니다. 집착함이 없는 텅 빈 마음이라야 언제나 평화로운 해탈의 경지에 있을 수 있고, 머무름이 없어야 참으로 완전한 행복을 이룰 수 있기 때문입니다.

그럼 무엇을 버리고 무엇을 비우라는 것인가?

이를 논하기 전에 **십일면관세음보살**十一面觀世音菩薩의 머리 위에 묘사된 11면에 대해 함께 살펴보고자 합니다. 십일면관음의 11면을 잘 이해하면 4무량심을 체계적으로 정리할 수 있을 뿐 아니라, 사심捨心의 참된 의미를 잘 규명할 수 있기 때문입니다.

십일면관음. 석굴암의 본존불 뒤쪽에는 절묘한 모습의 11면 관음이 모셔져 있습니다. 그리고 최근 들어 우리나라 사찰에서는 머리 위로 열한 가지 얼굴을 묘사하고 천 개의 손을 지닌 천수관음상을 많이 모시고 있습니다. 그러나 대부분의 사람들은 그 11면 속에 깃든 의미를 마음에 담지 못한 채 법당 문을 벗어납니다.

그렇다면 머리 위의 열한 가지 얼굴, 곧 11면은 어떠한 모습과 어떠한 의미를 담고 있는가?

바로 자·비·희·사의 4무량심이 11면을 통하여 구체적으로 묘사되고 있습니다.

11면은 두부 아래쪽의 자상慈相(자애로운 모습) 3면과 진상瞋相(성난 모습) 3면, 그 위의 백아상출상白牙上出相(흰 이를 드러내고 미소짓는 모습) 3면, 최상부의 폭대소상暴大笑相(큰 소리를 내며 호탕하게 웃는 모습) 1면, 그리고 두부 정면의 불면佛面(부처님 모습) 1면을 합한 것입니다. 이를 4무량심과 연결시키면 다음과 같습니다.

· 자무량심 - 자상 3면
· 비무량심 - 진상 3면
· 희무량심 - 백아상출상 3면
· 사무량심 - 폭대소상 1면

이렇게 4무량심과 직접 연관되는 얼굴은 10면이요, 이 10면은 관세음보살께서 제도하는 중생의 여러 유형과 관련을 맺고 있습니다. 그러나 여기에서는 '자녀 사랑'이라는 글의 주제에 맞추어 이해를 돕기 위해 '관세음보살'을 '부모'로, '중생'의 자리에 '자녀'를 대입시켜 보아도 좋을 것입니다.

1. 자상은 선한 중생에 대해 **자무량심**을 일으키는 것입니다. 이 자애스런 자상을 3면으로 표현한 까닭은,
① 고통만 있고 즐거움이 없는 중생들로 하여금 괴로

움을 떠나 즐거움을 얻게 하고자 함이요

② 다행이 복은 있지만 지혜가 없는 중생들로 하여금
복과 지혜를 함께 갖추도록 하고자 함이며

③ 지혜는 있지만 통달을 하지 못한 중생에게 지혜와
아울러 신통력까지 갖추게 하고자 함입니다.

2. 진상(성난 모습)은 악하고 그릇된 중생에 대해 **비무
량심**을 일으켜 그를 고통에서 구하려 함을 나타낸 것
입니다. 이 분노하는 진상을 3면으로 표현한 까닭은,

① 고통스러운 과보를 떠나려 하나 욕심 때문에 오히
려 고통을 낳는 행위를 하는 중생을 보고 분노하
는 것이요

② 즐거운 과보를 얻고자 하지만 즐거움을 있게 하
는 착한 인因을 지을 줄 모르는 중생을 보고 분노
하는 것이며

③ 적정寂靜의 이치를 구하려 하건만 도리어 산란한
경계에 집착하고 있는 중생을 보고 분노하는 것입
니다.

3. 흰 이를 드러내고 기쁨의 웃음을 짓는 **백아상출상**
은 보리심을 발하여 향상의 길로 나아가는 중생에 대

해 희무량심을 일으켜서 더욱 불도佛道에 정진하기를 권장하는 모습입니다. 이 백아상출상을 3면으로 한 까닭은,

- 불법승佛法僧 삼보三寶에 귀의하여
- 계정혜戒定慧 삼학三學을 닦고 익혀
- 탐진치貪瞋癡 삼독三毒을 다스리고
- 신구의身口意 삼업三業을 맑히고자 함입니다.

4. 폭대소상은 큰 소리를 내며 호탕하게 웃는 모습으로 사무량심捨無量心을 나타냅니다. 선과 악, 진眞과 속俗, 생사와 열반 등의 상대적인 세계에 집착하는 모습을 보고 크게 폭소하는 것입니다.

왜 폭소를 하는가? 그 폭소의 의미가 무엇인가?

"선도 악도 넘어서라. 진도 속도 생사도 열반도 넘어서라. 향상을 위해 도구로 삼았던 삼학이나 팔정도 등의 바른 법도 필경에는 놓아버려야 한다.

차안(이쪽 언덕)에서 목적지인 피안(저쪽 언덕)으로 건너갔으면 뗏목이 더 이상은 필요하지가 않다. 버려라. 놓아버리고 선과 악, 진과 속, 생사와 열반이 둘이 아닌 불이不二의 경지에 들어가야 참 부처가 된다. 이것을

깨우치기 위해 나는 대폭소를 터뜨리노라."

그리고 바로 이러한 까닭으로 폭대소상을 자상·진상·백아상출상의 위에 둔 것입니다.

곧 자심도 비심도 희심도 결국은 버려야 함을 나타내기 위함이며, 자심과 비심과 희심에 대한 집착을 조금도 남김없이 비울 수 있을 때 제11번째의 얼굴인 불면佛面을 성취하여 부처님이 된다는 것을 나타낸 것입니다.

이제 사무량심捨無量心에 대해 다시 한번 정리를 해봅시다. 과연 자녀들을 지극히 사랑하는 부모의 입장에서 무엇을 버리라는 것인가? 이는 크게 두 가지로 나누어 볼 수 있습니다.

첫째는 자식에 대한 애착입니다.

부모로서 자·비·희무량심을 발하며 자녀에게 할 도리를 다하였으면 애착을 버리라는 것입니다. 베풀었으면 그것으로 족할 뿐, 다시 쥐고자 하여서는 안됩니다.

자식을 위해 행한 자慈에 대한 애착도 버리고, 비悲에 대한 아픔도 버리고, 희喜에 대한 미련도 버려야 합니다. 고운 생각 미운 생각 불쌍한 생각을 가져서도 아니 되고, 사랑스런 생각에 빠져서도 아니 되며, 선도 악도 향상에 대한 고정관념도 놓아버릴 줄 알아야 합니다.

그야말로 앞의 장에서 이야기한 '태양과 같고 봄바람과 같은 무위법無爲法'이 바로 사捨의 참 정신입니다.

바꾸어 말하면, 자·비·희를 억지로 행하는 것이 아니라, 함이 없이 무량하게 베풀려면 사捨가 되어야 합니다. 실로 사가 되면 말이나 이론을 떠나 마냥 자비롭고 마냥 베풀 수 있는 생활 속의 도인이 됩니다. 그야말로 관세음보살의 제11면인 불면佛面을 얻게 됩니다.

그러므로 항상 집착을 버리는 연습을 하십시오. 비우는 연습을 하십시오. 그리고 우리의 아이들에게도 질 줄 알고 비울 줄 아는 능력을 길러 주어야 합니다. 지는 것, 양보하는 것, 비우는 것이 진정한 승리요 향상의 길이라는 것을 가르쳐 주어야 합니다.

자심에 사捨가 작용하면 자무량심이 되고, 비심에 사가 작용하면 비무량심이 되며, 희심에 사가 작용하면 희무량심이 된다는 것을 꼭 기억하시기 바랍니다.

두 번째는 부모로 하여금 무아無我의 사랑, 대아 大我의 사랑을 깨우치기 위해 사무량심을 발하라

고 한 것입니다.

'무아'는 불교의 핵심교리 중 하나입니다. 무아無我가 무엇입니까? 불교의 무아는 '나가 없다'는 가르침이 아닙니다. 참된 나가 아니라, '자아自我가 본래 없다'는 것을 깨우쳐 주는 가르침입니다.

자아는 스스로가 만들어낸 나입니다. 스스로가 만들어낸 나는 구름과 같아서 참된 나가 아니라는 것이며, 구름같이 실체가 없는 자아로 사랑하지 말라는 것입니다.

그럼 어떠한 사랑을 하여야 하는가?

대아大我의 사랑을 하라는 것입니다. 일어났다가 홀연히 사라지는 구름의 사랑이 아니라, 하늘과 같은 사랑을 하라는 것입니다. 하늘과 같은 마음, 마하반야摩訶般若의 마음으로 한결같은 사랑, 모든 것을 포용하는 사랑을 하여 끝없이 살려가라는 것입니다.

사무량심捨無量心은 바로 이러한 사랑을 할 것을 깨우쳐주고 있습니다. 자식에 대한 집착, 부모 스스로가 만든 사랑과 교만과 고집과 어리석음을 모두 놓아버리게 하여, 참된 해탈의 도를 이루게 하고 대행복 속에서 살도록 만드는 것이 사무량심인 것입니다.

이와 관련된 한 편의 이야기를 음미해 봅시다.

나무를 가꾸며 평생을 보낸 정원사 노인이 있었습니다. 일생을 나무에 정성을 쏟으며 살다 보니, 노인은 어느덧 나무들과 이야기를 나눌 수 있게 되었습니다.

"할아버지, 목이 말라요. 물 좀 주세요."

"오냐. 그러마."

"할아버지, 제 잔가지를 좀 쳐주세요. 답답해서 숨이 막힐 것 같아요."

"조금만 기다려라. 연장을 가져와서 가지를 쳐줄게."

"예, 고마우신 할아버지."

노인과 나무들은 언제나 즐겁고 편안하게 지냈습니다. 그리고 어느 날, 인근의 농업학교에서는 노인에게 나무 기르는 기술과 경험담을 강의해 줄 것을 청했습니다. 강의에 응한 노인은 수많은 학생들이 모인 강당에서 분필을 든 채 한참을 생각했습니다.

'무슨 말씀을 하시려나?'

학생들 모두가 잔뜩 귀를 기울이고 있는데, 갑자기 노인이 분필을 내려놓으며 말했습니다.

"나는 못 하겠소. 여러 학생들에게 무엇을 강의해야 할지…. 아무리 생각을 해보아도, 말로써 가르쳐 줄 것이 하나도 없습니다. 나는 평생 동안 나무들을 자식으로 생각하고 이런저런 이야기를 서로 주고받으며 살아왔을 뿐이오. 어찌 내가 나무들과 나눈 것들을 말로 할 수 있겠소."

단상에서 내려오는 노인을 향해 학생들은 우레와 같은 박수를 보냈습니다.

§

우리가 정원사 노인처럼 자녀들을 사랑한다면, 우리도 능히 해탈하여 불면佛面을 이룰 수가 있습니다.

이제 모든 애착을 산산이 흩어버릴 큰 웃음인 폭대소를 터뜨리며 살아보십시오. 우리의 가정에 사랑을 통한 큰 행복이 깃들고, 사랑으로 체득하는 마하반야의 광명이 찬연히 빛날 것입니다.

부디 자비희사의 4무량심을 잘 명상하고 응용하여 온전한 자녀교육을 이루고, 부모와 자식이 함께 살아나고 깨어나는 대해탈의 삶을 영위하시기를 깊이 축원드립니다.

나무마하반야바라밀.

제3장

자녀를 위한 기도법

근심 걱정의 역작용

자녀를 위한 기도법을 살펴보기 전에, 부모의 자녀에 대한 근심걱정과 축원에 대해 함께 이야기해 보고자 합니다.

자녀에 대한 부모님들의 걱정은 참으로 많습니다. 밥을 잘 먹지 않아 걱정, 말을 잘 듣지 않아 걱정, 몸이 약해서 걱정, 게을러서 걱정, 공부를 하지 않아 걱정, 결혼을 하지 않아 걱정, 직장이 마땅치 않아 걱정, 술과 담배를 끊지 않아 걱정…. 그야말로 자녀가 안고 있는 문제에 대한 걱정만 하여도 끝이 없습니다.

거기에다 사회가 각박하다 보니 자녀가 밖에 있을 때도 걱정이 많습니다. 남에게 피해를 입지는 않을지, 차 사고가 나지 않을지, 싸움은 하지 않는지, 학교에서 원만하게 지내는지, 왕따는 당하지 않는지, 직장에서는 별문제가 없는지….

며칠 동안 여행을 떠날 때면, 잘 도착은 했는지, 밥은 잘 먹는지, 잠자리는 편안한지, 아프지는 않은지, 별다른 사고는 없는지 등의 걱정이 끊이지를 않습니다.

자나 깨나 자식 걱정을 하는 부모들! 물론 부모된 자로서 자식 걱정을 하는 것은 인지상정人之常情일 것입니다. 그리고 자식을 너무나 사랑하기 때문에 근심걱정이 끊이지 않는다고들 합니다.

하지만 냉정히 생각을 해보십시오. 걱정을 한다고 하여 부모인 '나' 자신이 편안해집니까? 아닙니다. 걱정을 하면 할수록 부모는 더 큰 불안감에 휩싸입니다.

그럼 걱정의 대상이 되는 자녀들은 편안해집니까? 역시 아닙니다.

오히려 부모와 자식 사이에는 뇌파의 작용이 어느 누구보다도 강하기 때문에 근심걱정의 기운이 쉽게 전달되며, 부모의 걱정이 크면 클수록 자녀에게 좋지 않은 영향을 미칠 뿐입니다.

이와 관련된 예를 하나 들겠습니다.

약 40년 전의 일입니다. 서울에 사는 미혼의 여인이

아기를 낳았습니다. 당시만 하여도 독신녀가 아기를 키우는 것을 달갑게 보지 않았고, 그녀 또한 아기를 키울 수 없는 처지에 있었으므로 눈물을 머금고 아기를 모르는 사람의 집에 입양을 시켰습니다.

부득불 아기를 다른 집에 주었지만, 그녀는 너무나 아기가 보고 싶고 걱정이 되었습니다. 그때마다 그녀는 눈물을 지으며 독백을 했습니다.

"아가야, 미안하다. 엄마의 젖도 못 먹고…. 배는 고프지 않니? 잘 지내고 있니? 양부모님은 잘해주시니? 아가야, 정말 보고 싶구나. 내 아가!"

그런데 엄마의 그리움이나 걱정과는 달리, 아기는 양부모에게 맡겨진 지 일주일쯤 지났을 때부터 온몸에 열이 펄펄 끓기 시작했습니다. 거기에다 끊임없이 울기까지 하였습니다.

몇 군데 병원을 찾아가 보았으나 열은 내리지 않고, 여러 가지 검사를 해보았지만 하나같이 '뚜렷한 병이 없다'는 것이었습니다. 마침내 양부모는 안면이 있는 심령술사를 찾아갔고, 그 심령술사는 진단을 내렸습니다.

"아기의 병은 생모 때문에 생긴 것이오. 아기를 잊지 못하여 자나 깨나 걱정을 하면서 지내는 생모의 뇌파가 아기에게 전달되어 심한 열병을 앓고 있는 것입니다. 이는 육신의 병이 아니기 때문에 병원에서 치료를 할 수가 없습니다. 아기를 생모에게 돌려보내든지, 생모를 찾아가서 다시는 아기에 대한 걱정을 하지 말라고 하십시오."

양부모는 생모를 찾아가서 자초지종을 들려주고 당부했습니다.

"아기는 우리가 친자식처럼 기를 테니 조금도 걱정하지 마십시오. 특별한 일이 있으면 연락을 드릴 테고, 연락이 없으면 잘 있다고 생각하며 편히 지내십시오. 이것이 당신이나 아기 모두에게 최선의 길이 아니겠습니까?"

이후 생모는 아기에 대한 걱정을 그만두었습니다. 그러자 아기의 병도 씻은 듯이 나았습니다.

§

비록 보이지도 않고 만져볼 수도 없지만, 부모 자식 사이를 잇고 있는 인연의 끈은 상상을 초월합니다. 생모가 밤낮없이 그리움과 걱정에 휩싸이자 아기는 깊은 열병에 시달렸고, 그 사실을 안 생모가 근심걱정을 끊자 아기의 병이 저절로 나았습니다.

실로 부모 자식 사이에 흐르고 있는 뇌파의 작용은

무척이나 강합니다. 수만 리 밖의 자녀에게 좋지 않은 일이 생기면 바로 그 시각에 어머니의 가슴이 '쿵' 내려 앉게 되고, 자식에게 매우 좋은 일이 생기면 부모의 마음이 저절로 즐거워집니다. 전화벨이 울릴 때도 '내 아이의 전화'임을 미리 아는 부모는 허다합니다.

이 모두가 부모 자식 사이에 흐르고 있는 뇌파의 작용, 뇌전파의 작용입니다. 서로가 발산하는 뇌파의 파장이 어느 누구보다도 잘 맞기 때문에 그만큼 잘 통하는 것입니다.

그런데 부모인 우리가 자녀에 대해 공연한 걱정을 해보십시오. 자녀들에게 어떠한 기운이 흘러가겠습니까?

부모의 걱정이 크면 클수록 자녀의 마음은 무거워지고 탁해집니다. 뇌파를 통해 근심걱정의 기운이 자녀에게 전달되기 때문입니다. 나아가, 스스로가 근심걱정의 대상이 된다는 것을 느끼는 자녀들은 자꾸만 부모를 멀리하고 그 근심걱정에 대해 반항을 합니다.

왜 멀리하고 반항을 하는가? 자식은 본능적으로, '나'로 인해 사랑하는 부모가 근심걱정을 하는 것을 싫어하기 때문입니다. 그리고 스스로에게 다가오는 근심걱정의 나쁜 기운을 끊기 위해 부모를 멀리하고 반항을 하는 것입니다.

이렇게 되면 결과가 어떻게 돌아옵니까? 사랑하기 때문에 걱정을 하는 것인데 오히려 역효과만 낳게 되고, 부모 자식 사이에 보이지 않는 골만 깊어지게 됩니다. 이 얼마나 슬픈 일입니까?

하지만 이 사실을 분명히 깨닫게 된다면, 우리의 부모님들 가운데 어느 누가 공연한 근심걱정에 빠져들겠습니까? 모두가 강한 모성애를 지닌 분들인데….

모성애! 자식에게 해가 되고 좋지 않은 결과가 온다는 것을 알면 어떠한 희생도 감수하는 것이 우리 어머니들의 숭고한 모성애이거늘, 자식이 잘못된다는데 공연한 근심걱정을 놓아버리지 못할 부모가 어디에 있겠습니까?

걱정 대신 축원을

이제 자녀에게 나쁜 기운을 전하는 근심걱정일랑은 그만두십시오. 대신 축원祝願을 해주십시오. 걱정이 되더라도 걱정 속에 빠져들지 말고 축원을 하십시오.

밤늦게 집을 나서는 자녀에게 '조심하라'는 말보다는 '잘 갔다오너라' 하고, '아무런 일도 없어야 할 텐데'라는 걱정 대신 '부처님의 가피가 저 아이와 함께 하여지이다'라는 축원을 하십시오.

아이가 공부를 하지 않는다고 걱정을 하거나 미워하기보다는, '저 아이에게 지혜의 빛과 인내력을 주시어 공부가 저절로 잘 되게 하소서'라는 축원을 하십시오.

결혼을 하지 않는 것을 근심하기보다는 '좋은 인연을 만나 행복하게 살아지이다'라는 축원을 하십시오.

부딪히는 생활의 모든 부분에서 근심걱정이 일어날

때마다 그 자리를 축원으로 가득 채워보십시오. 행복이 저절로 깃들고, 부모 자식 사이가 참으로 훈훈한 관계로 바뀌게 됩니다.

물론 자식 나이가 환갑을 넘어서도 부모는 걱정을 하기 마련입니다. 그러나 불자인 우리는 달라져야 합니다. 근심과 걱정 대신 축원이라는 촉매제를 투여하여 행복과 평화를 이끌어내어야 합니다.

잠깐 나의 어머니 이야기를 하겠습니다.

내 나이 마흔이 되었을 때에도 일흔이 넘은 나의 어머니께서는 사소한 걱정을 많이 하셨습니다. 세상사 모든 일에 경우가 바르고 대범하신 분이었지만, 자식에 대한 걱정만은 놓아버리지를 못했습니다.

'우리 아들이 건강한지? 무리하지는 않는지? 하는 일이 안 되면 어쩌나? 출판사만 경영하여도 힘이 들 텐데 불교신행연구원은 왜 하나….'

이렇게 사랑하는 외아들을 위해 어머니는 많이 많이 걱정을 하셨습니다. 어머니의 옆에 가면 걱정하는 기운이 짙게 느껴졌고, 그것이 싫었던 나는 퉁명스럽게 내뱉기도 하였습니다.

"걱정 좀 그만하십시오. 어련히 알아서 할까 봐."

그리다가 나는 월산 「법공양」 제3호(1995년 4월호)에 '걱정 대신 축원을 하라'는 내용의 글을 간략히 썼고, 그 글을 읽으신 어머니는 아주 기분 좋게 말했습니다.

"현준아, 가만히 생각해보니 네 말이 정말 옳더구나. 내 걱정이 너의 일에 무슨 도움이 되겠느냐? 이제부터는 쓸데없는 근심걱정을 더이상 하지 않을란다. 대신 축원을 할란다. 우리 아들이 정말 좋은 것을 가르쳐 주었구나. 고맙다."

"그래요. 어머니가 얼마나 정성껏 키워주셨는지를 저희 삼 남매는 잘 알고 있습니다. 그리고 우리 모두가 경우 있고 나름대로 살 수 있는 능력을 갖추고 있지 않습니까? 근심걱정은 다 놓아버리시고 말년 회향廻向에 힘을 기울이십시오."

그 뒤 어머니는 자식에 대한 기대도 근심도 다 놓아버리고, 6년 동안 마지막 회향을 잘하시다가 2001년에 83세의 나이로 돌아가셨습니다.

§

축원! 그것이 자녀의 불행을 행복으로 바꾸어 놓습니다. 나의 불안감을 편안함으로 바꾸어 줍니다. 자녀들이 아침에 집을 나설 때나 집으로 다시 돌아올 때, 그리고 공연히 마음이 불안할 때는 마음속으로 세 번 정도 축원을 하십시오.

"자비하신 불보살님, 우리 갑돌이에게 불보살님의 지혜와 자비와 행복의 빛이 충만하게 하소서."

"우리 갑순이 항상 건강하옵고 불보살님의 빛과 힘이 함께 하여지이다."

그리고 축원 끝에 '마하반야바라밀'이나 '나무아미타불'이나 '나무관세음보살' 등 평소에 즐겨 외우는 명호를 3번 또는 7번 염하면 됩니다. 이런 식으로 나름대로의 짤막한 축원의 구절을 만들어 아침저녁으로, 또는 자식에 대해 걱정스러운 생각이 일어날 때마다 축원을 해주십시오.

근심걱정의 기운을 불보살님의 자비광명으로 바꾸면 자녀들에게 다가오던 나쁜 것들은 저절로 흩어지고, 복된 기운이 담뿍 전달되게 됩니다. 이는 마치 거울로 태양의 빛을 받아 굴속을 비추면, 어두운 굴속이 광명의 세계로 바뀌는 것과 같은 원리입니다.

원망스러워도 악담 말고 축원을

또 한 가지, 축원의 생활화와 함께 당부드리고 싶은
것은 자녀들에게 악담을 하지 말라는 것입니다.

악담 중의 으뜸은 욕입니다.

"예잇, 이 도둑놈아!"
"이 깡패 자식아."
"이 구제불능의 나쁜 놈아."

부모가 진심瞋心을 품고 심하게 하는 욕은 바로 자녀
의 가슴에 못이 되어 박히게 되고, 욕이 가슴에 박히게
되면 아이들은 도둑으로 깡패로 구제불능의 인간으로
바뀌어 갑니다. 그만큼 욕은 무서운 것입니다.

물론 이 글을 읽는 부모들은 감히 욕을 입에 담지 않

을 분들이기에, 더 이상 욕에 대해서는 이야기하지 않겠습니다. 다만 우리가 일상생활 속에서 자주 쓰는 말 중에 결과적으로 악담이 되는 말에 대해 함께 생각해보고자 합니다.

부모들은 흔히 자식이 말을 잘 듣지 않거나 자식에게 섭섭한 일을 당하였을 때, '너도 나중에 나의 입장이 되어보라'는 식의 말을 은근슬쩍 잘합니다.

"너도 어른이 되어 자식을 키워보면 내 심정을 알게 된다."
"너도 자식을 키워 네 아이들을 결혼시킬 때에는 나처럼 될 게다."

이러한 말들도 악담에 속합니다. 왜 악담입니까? 이 말속에, '너도 나중에 나처럼 자식에게 섭섭함을 느끼고 마음고생을 해보라'는 원망과 저주스런 마음이 깃들어 있기 때문입니다.

물론 '내가 너를 낳아 어떻게 키웠는데 이렇게 말을 듣지 않느냐'고 하는 섭섭한 생각 때문에 이러한 말을 내뱉기도 합니다. 그리고 자식에게 쏟은 정성을 놓고 본다면, 이 정도의 말은 스스로를 위로하는 한 방편이 될 수도 있다고 생각합니다.

그러나 죄가 되는 줄도 모른 채 이러한 말을 자주 내뱉는 것 자체가 구업口業이 됩니다. 곧 나쁜 인연의 씨를 뿌리고 있는 것입니다.

과연 나쁜 씨를 뿌리면 어떠한 결과가 돌아옵니까? 나쁜 결실을 거둘 수밖에 없습니다. 결국 우리의 자녀들이 부모가 되었을 때 우리가 한 말대로 살게 되는 것입니다.

그렇게 되면 우리의 자녀들도 불행해지고, 그 불행을 지켜보는 부모도 다시 가슴앓이를 하는 과보를 받게 됩니다. 그러므로 자녀들이 섭섭하게 하거나 원망스럽게 느껴질지라도 함부로 속마음을 표현하지 말고, 한결같이 축원을 해주어야 합니다.

그런데 살다가 보면 축원은커녕 '너무 답답하고 너무 억울하다' 싶을 때가 있습니다. 그때는 어떻게 해야 하는가? 부처님 전으로 나아가십시오. 그리고 호소하십시오.

"부처님, 정성을 다해 키운 자식이 저를 너무나 슬프게 만듭니다. 부처님, 저는 어떻게 해야 합니까? 저러한 아이에게까지 계속 축원을 해주어야 합니까? 몹쓸

놈! 정말 몹쓸 놈입니다. 제가 낳고 제가 키운 자식이
지만 너무나 제 마음을 찢어지게 합니다. 부처님, 저는
어떻게 해야 합니까?"

이 예와 같이, 어떠한 넋두리라도 좋습니다. 상황에
맞는 어떠한 하소연이라도 하십시오. 눈물이 나면 눈물
을 펑펑 쏟으며 마음속의 이야기를 부처님께 고하십시
오.

대자대비하신 부처님께서는 우리들의 어떠한 이야기
도 평등한 마음으로 들어주시고, 우리도 마음껏 하소
연을 하고 나면 원래로 돌아옵니다. 모성애로 가득 찬
어머니로 돌아오고 자애심이 넘치는 아버지로 돌아옵
니다. 그리고 그때가 되면 우리는 다시 축원을 할 수
있게 됩니다.

"부처님이시여, 저희 자식이 모자라고 실답지 못하여
저의 마음을 아프게 하였지만, 어찌 그것이 그 아이의
본심本心이겠습니까? 대자대비하신 부처님이시여, 제
자식의 모든 허물을 용서하시어, 그 아이의 뜻과 같이
이루어지게 하시고, 자비와 지혜와 평화와 행복이 충만
되게 하옵소서. 부처님! 감사합니다."

이렇게 섭섭한 마음을 녹이며 제자리로 돌아와 축원을 하게 되면, 문제의 자녀도 본심을 되찾아 바르게 살고 바르게 자식 노릇을 하게 됩니다.

축원, 한결같은 축원! 이것은 수행이요 정진입니다. 축원이 끊임없이 이어지면 저절로 복이 깃들고, 복이 깃들면 지혜가 밝아지고, 지혜가 밝아지면 모든 일이 자연스럽게 성취되며, 우리의 가정이 정토淨土로 바뀌면서 부모 자식 모두가 기쁘고 평화롭고 푸근한 삶을 누리게 되는 것입니다.

축원의 공덕이 이러하거늘, 어찌 부처님께서 우리를 위해 일러주신 이 좋은 축원법을 마다할 수 있겠습니까? 꼭 축원하는 생활을 잊지 마시기를 당부드립니다.

기도법① - 업을 녹이는 참회기도

이제 자녀를 위한 기도의 방법에 대해 이야기를 할 차례가 되었습니다.

이 땅의 부모들은 사랑하는 자녀들을 위해 참으로 열심히 기도를 합니다. 평소에는 기도를 하지 않는 부모일지라도, 입시·취업·병·사고·재앙 등 자녀에게 특별한 일이 생기면 주저 없이 기도를 시작합니다.

백일기도도 마다하지 않고, 하루 3천 배씩 며칠을 계속하는 것도 마다하지 않습니다. 부모의 사랑이 한량없기에 그토록 힘든 기도도 기꺼이 하는 것입니다.

자녀를 위한 부모님의 거룩한 기도! 그러나 이 기도를 함에 있어 부모인 우리가 잘 새겨야 할 한가지 사항이 있습니다.

그것은 부모와 자식 사이의 깊은 인연입니다. 다생다

겁동안 쌓은 깊은 인연으로 인해 현재의 부모자식 관계가 맺어졌다는 것입니다.

다생다겁의 깊은 인연! 과연 이 말이 깨우쳐 주는 바가 무엇인가? 바로 너무나 오랫동안 사랑을 하였기 때문에 문제 또한 많다는 것을 일깨워주고 있습니다.

부모와 자식은 세세생생을 함께한 깊은 인연이기 때문에 서로 의지하고 서로 위해주기 마련이며, 좋고 기쁜 일을 함께 누리기 마련입니다.

하지만 아무리 사랑하고 좋은 사이일지라도 다생다겁동안을 함께하면 상대의 생각과 말과 행동에 대해 섭섭하고 좋지 않은 감정들이 쌓이게 되어 있습니다.

남이 그렇게 하였다면 별 생각 없이 넘어갈 말 한마디에도 섭섭함을 느끼고, 남이라면 능히 이해할 수 있는 일도 가까운 사이이기 때문에 마음속 깊이 원망의 씨앗을 심기도 합니다.

곧 부모자식처럼 떼려야 뗄 수 없는 관계일수록 사랑이라는 이름으로 서로의 마음에 상처를 준 일이 적지가 않고, 그 마음의 맺힘을 풀지 못한 채 금생에까지 이르렀으므로 가끔씩은 서로의 마음을 아프게 하는 것입니다.

그런데 참으로 묘한 것은 자녀들 스스로가 힘들어하

는 바로 그때, 부모를 같이 고생시킨다는 것입니다. 입시·취업·병·이혼 등 자식에게 문제가 생기면 부모도 심히 괴로움에 빠집니다.

이를 바꾸어 말하면, '부모와 함께 업을 받겠다'는 것입니다. 그 고난의 시간에 부모에게 주었던 빚을 받아내겠다는 것입니다.

그때가 되면 부모는 참으로 괴롭습니다. '이 무슨 업연인가' 싶을 만큼 힘든 때도 있습니다. 하지만 부모는 사랑하는 자식의 일이기에 쓴 고통을 감수하며 기도를 합니다. 그리고 기도를 통하여 자녀의 문제를 해결함과 동시에 자신이 지은 업을 녹이는 것입니다.

그렇습니다. 이때가 참으로 소중한 시기입니다. 앞으로 또 다생다겁동안 좋은 인연으로 만나게 될 그 자식과의 맺힌 업을 녹일 수 있는 시기이기 때문입니다.

그러므로 가까운 부모자식 사이일수록 지금의 원활하지 못한 현실을 기피하지 말고, 참회를 통하여 서로가 서로를 살리는 참사랑을 이루어야 하며, 소원성취의 기도를 하기 전에 참회부터 하여야 합니다.

참회를 하면 서로의 맺힌 업이 녹아내려 닫혔던 문이 열립니다. 막아놓았던 물길이 열립니다. 참회를 하여 문이 열리고 물길이 트이면 맑고 밝은 마음으로 자녀를 진정으로 살리는 기도를 할 수 있게 됩니다.

이제 긴딘한 참회법을 세시하셨습니다.

① 이 기도는 간단하지만 매일 해야 하므로 집에서 하는 것이 좋습니다.

집안의 가장 조용한 장소에 가정용 불화를 한 장 붙이되, 방위는 고려하지 않아도 됩니다. 기도 시간은 스스로의 하루 일과 중 가장 편안한 시간을 정하여 하되, 부득이할 경우에는 변경을 하여도 좋습니다. 단, 하루에 한 차례는 꼭 행하도록 하십시오.

② 불화 앞에 향을 하나 피우고 기도를 시작하되, 불화가 없으면 빈 벽 또는 자신을 볼 수 있는 거울, 큰스님의 글씨 앞에서 해도 됩니다. 그리고 향에 민감한 사람은 향을 피우지 않아도 상관없으며, 다기에 깨끗한 물을 받아 올려도 좋습니다. 가정에서는 향·꽃·촛불·물을 공양하는 것까지만 허용되며, 먹는 음식물은 올리지 않아야 합니다. 객귀客鬼나 잡귀가 붙을 우려가 없지 않기 때문입니다.

③ 평소에 집에서 늘 하는 독경·사경·염불 등의 기

도가 있는 분이라면, 그 기도를 한 다음에 그 자리에서 아들딸을 향해 각각 3배씩 절을 합니다.

그리고 일상적으로 하는 기도가 없는 분은 '오분향 예불'이나 '천수경' 1독, '반야심경' 3~7독을 외우는 것 중 하나를 택하여 행한 다음 아들딸을 향해 3배씩 절하는 것이 좋습니다. 만약 이것도 할 수 없을 때는 그냥 3배만이라도 하십시오.

아들딸을 향해 3배를 할 때는 부처님께 예배를 올리듯이 정성껏 하여야 합니다. 물론 그 당사자 앞에 가서 하라는 것은 아닙니다. 아들딸이 있는 쪽으로 향해 몸을 돌려, 아들딸의 모습을 떠올리며 절을 하면 됩니다.

3배를 할 때 첫 번째 절에는 '잘못했다'는 참회와 감사와 인연가꾸기에 대한 말을 세 번씩 하십시오.

예를 들어 첫 번째 절에서는

"사랑하는 아들(딸) ○○○(이름)이여, 잘못했습니다. 잘못했습니다. 잘못했습니다."

그리고 두 번째 절에서는

"감사합니다. 감사합니다. 감사합니다."

세 번째 절에서는

"좋은 인연을 잘 가꾸겠습니다. 잘 가꾸겠습니다. 잘

가꾸겠습니다."

등을 세 번 염합니다.

④ 이렇게 염하면서 3배를 마친 다음에는 엎드린 채로 축원을 해주십시오.

"대자대비하신 불보살님! 우리 ○○○이 항상 건강하고 뜻과 같이 이루어지게 하옵시고, 지혜와 자비와 평화와 대 행복이 충만하여지이다."

이 예와 같이, 현실적이고도 적절한 축원의 문구를 만들어 세 번을 거듭 축원해주면 됩니다.

⑤ 그리고 '얼마만큼의 기간 동안 해야 하는가'를 묻는 분들이 많은데, 자녀에 대한 '나'의 마음이 완전히 편안해지고 서로가 평화로움을 느낄 때까지 매일 한두 차례씩 꾸준히 하는 것이 원칙입니다. 큰스님들께서는 기본적으로 '3년은 하라'고 가르치고 있으며, 평생토록 하면 더욱 좋습니다.

⑥ 참회하고 감사를 할 때는 절대로 자존심을 부리

면 안 됩니다. 무조건 '잘못했습니다'하고, 무조건 '감사합니다'고 할 수 있어야 합니다. 자존심을 버리고, 보이지도 감지할 수도 없는 업장을 참회해야 합니다.

나아가 이 3배의 참회법을 자녀만이 아니라, 배우자·부모 및 문제가 있는 형제에게까지 확대하여 시행해 보는 것도 바람직합니다.

불보살님을 의지하여 '나'의 죄업을 참회함으로써 가정의 평화를 얻는 간접적인 방법보다, 가족을 향해 직접 행하는 이 참회법의 효과는 기대 이상으로 큽니다. 꼭 실천해 보시기 바랍니다.

기도법② – 108배를 올리며

이 108배 기도에 대해서는 그냥 염주를 돌리며 108배를 하는 기도와 예불대참회문을 외우며 108배를 하는 두 가지 경우로 나누어 설명하겠습니다. 이 두 가지 경우 모두 시작은 같습니다.

① 자녀를 위해 108배를 올리는 이 기도는 입시 등의 특별한 일이 있을 때, 자녀들을 바른 삶의 길로 이끌고자 할 때, 불보살님께서 은근히 보호하는 명훈가피冥熏加被를 입고자 할 때 하는 것이 좋습니다.

② 먼저 불보살님 전에 향을 올리고 3배를 드리면서, 첫 1배에는 '잘못했습니다'를 세 번 염하고, 두 번째 1배에는, '부처님, 잘 모시고 살겠습니다'를 세 번 염하며,

세 번째 1배에는, '저의 아들 ○○○을 굽어 살펴주옵소서'라고 세 번 염합니다.

그냥 108배를 하는 경우

① 의식문을 외우며 행하는 108배가 아니라면, 108 염주를 들고 염주알 한 알씩을 넘기며 한 번씩 절을 하되, 너무 급하게는 하지 마십시오. 될 수 있으면 호흡 한 번에 절을 한번 하는 것이 좋습니다. 곧 숨을 길게 내쉬면서 엎드리고, 숨을 길게 들이키며 축원 한번을 하게 되면 집중이 잘 되어 좋습니다. 그러나 호흡이 짧은 사람은 호흡에 구애됨이 없이 편안하게 하면 됩니다.

② 이 기도는 스스로의 죄업을 녹이는 참회 기도가 아니라 자녀를 위한 기도이기 때문에, 절을 할 때 '잘못했습니다'라고 할 필요가 없습니다. 그냥 자녀를 위한 축원으로 일관하면 됩니다. 예를 들면,
'○○○이 원하는 대학에 꼭 들어가게 해주십시오.'
'○○○에게 건강을 주옵소서.'

라는 식의 직접적인 축원을 곧바로 하도록 하십시오.

③ 기도는 '나'의 능력이 모자랄 때 힘이 있는 불보살님께 '매달리는 것'입니다. 그리고 부모가 자식을 위해 기도하는 것은 당연한 일입니다. 절대로 이기적인 욕심이 아닙니다.

그러므로 자식이 힘들고 자식에게 문제가 있어 기도를 할 때는 적극적으로 매달리십시오. 모성애의 기도는 관세음보살이나 지장보살님과 같은 마음이 되어 하는 것이라는 점을 잊지 마시고, 떳떳하게 축원을 하시기 바랍니다.

대참회문을 외우며 108배를 하는 경우

요즘 불교TV를 비롯한 여러 사찰에서는 예로부터 내려오는 전통적인 예불대참회문이 아니라, 새로운 백팔참회문을 통하여 108배의 절을 합니다. 그런데 그 참회문의 내용과 종류가 매우 다양하여 초보자들을 당황스럽게 만들 때가 많습니다.

이 현대의 108참회와 우리의 윗대 어른들이 보현행원

품에 근거로 하여 만든 예불대참회문은 어떤 차이가 있는가?

죄업이나 발원 내용 하나 하나를 외우며 절을 하는 새로운 참회법은 108개의 등불을 집안 곳곳에 두어 어둠을 밝히는 것과 같고, 때가 낀 구석구석을 일일이 지적하며 닦아내는 것과 같습니다. 그러므로 특별히 지적하지 않는 잘못들은 녹아내릴 수가 없습니다.

그러나 중생의 참회를 관장하는 부처님의 명호를 외우는 예불대참회는 부처님의 가피와 태양과 같은 빛으로 모든 집안을 한꺼번에 밝히는 것과 같아서, 맑고 밝은 마음을 일시에 이루게 됩니다.

곧 예불대참회는 '참회하는 중생의 업장을 녹여주겠다'고 원을 세우신 과거 현재의 89분 부처님의 명호와 함께 보현보살의 십종대원인 발원·공양·참회·수희·찬탄·권청·회향 등에 관한 글들을 정성껏 외우며 절을 함으로써, 부처님들과 보현보살의 가피력에 의해 참회를 이루고 뜻을 성취하게 된다는 것입니다.

이상과 같이 하여 예불대참회문을 한 차례 외우며 절을 하면 자동적으로 108배를 마치게 됩니다.

그리고 이 예불대참회문을 외우며 매일 기도를 하게 되면 참으로 큰 공덕이 나날이 쌓입니다. 실제로 이를 실천하여, 임종 때까지 명예와 재물과 자식복 등을 누리며 정말 잘 사신 분들을 수도 없이 보았습니다(이 예불대참회문은 효림출판사의 『한글 보현행원품』에 수록되어 있음).

끝맺음

앞의 두 가지 108배가 끝난 다음에는 보다 구체적인 축원을 하는 것이 좋습니다. 입시를 예로 들겠습니다.

"○○○에게 부처님의 빛과 힘과 건강을 주옵소서(3번)."
"○○○에게 자비와 지혜와 평화와 행복이 충만하여지이다(3번)."
"○○○에게 인내력·정진력·집중력을 주시어 공부 잘되게 하소서(3번)."
"○○○가 원하는 대학에 꼭 합격하게 해주십시오(3번)."

이상과 같은 요령으로 우리의 아들딸에게 맞는 구체적인 축원을 만들어 108배를 끝낸 다음 세 번씩 염하십시오.

그리고 마지막으로

"부처님 감사합니다. 감사합니다. 감사합니다."

"불법승 삼보를 잘 받들며 살겠습니다. 삼보를 잘 받들며 살겠습니다. 삼보를 잘 받들며 살겠습니다."

"원공법계제중생 자타일시성불도 마하반야바라밀"

등의 대승적인 축원을 세 번 하고 끝내면 됩니다.

자녀가 처해있는 상황이 다급하다면 이 108배의 기도를 여러 차례 하는 것도 좋은 방법입니다. 문제가 크면 그만큼 정성도 더 기울여야 하지 않겠습니까?

기간 또한 상황에 맞추어 21일·49일·백일 등 한 단위로 잡되, 미흡하면 두 차례 세 차례 거듭하도록 하십시오. 의욕만 앞세워 실천하지 못할 기도보다는 능력껏 정성껏 꾸준히 하는 기도가 더 바람직하다는 것을 꼭 기억하시기 바랍니다.

기도법③ - 염불하며 관상하라

이 기도법은 입으로 '아미타불·약사여래·관세음보
살·지장보살·문수보살' 등의 불보살님 중에서 내가
의지하는 한 분의 명호(여기에서는 관세음보살로 통일함)를
외우는 염불법念佛法과, 머리로 관세음보살님이 우리의
아들딸을 향해 빛을 비추어 주거나 안아주는 모습 등
을 떠올리는 관상법觀想法을 합한 것입니다.

이렇게 염불과 관상을 하나로 합하여 기도를 하게 되
면 기도하는 사람의 집중력과 관세음보살의 가피력이
더욱 커져서 원성취願成就를 보다 빨리 이룰 수 있게 됩
니다.

이 기도의 요점을 다시 한번 정리하면, 입으로 끊임없
이 '관세음보살'을 외우면서 머리로 자녀의 모습과 관
세음보살을 떠올리는 것입니다.

하지만 자녀나 관세음보살의 모습을 단순히 그려보는 것이 아니라, 우리의 자녀가 관세음보살님의 미간에 있는 백호로부터 뿜어져 나오는 광명을 듬뿍 받고 있는 모습 또는 관세음보살님이 우리의 자녀를 함께 하고 있는 모습을 떠올려야 합니다.

그리고 마음속으로 적절한 축원을 염하면, 능히 좋은 결실을 맺을 수 있게 됩니다.

특히 부모자식 사이의 뇌파작용·뇌전파작용은 어느 누구보다 강하기 때문에, 이렇게 기도를 하면 관세음보살님의 자비광명이 훨씬 빨리 전달됩니다.

실로 밝은 광명을 받게 되면 어두운 장애는 사라지기 마련이요, 장애가 없으면 이루지 못할 일이 어디에 있겠습니까?

이것이 이 기도의 원리라는 것을 기억하시고, 구체적인 기도법을 살펴보도록 합시다.

① 이 기도에는 염주알이 천 개인 '천주千珠'를 준비하거나, 핸드폰의 10분·15분·30분 또는 한 시간의 타이머 기능을 이용하는 것도 좋습니다.

기도를 하는 장소로는 절과 집 어디라도 좋고, 집에서 할 경우에는 가정용 불화 앞, 또는 자녀의 방을 향하거나 그 시각에 자녀가 있는 쪽으로 향하여 해도 좋습니다.

방석에 가부좌를 하고 앉아도 좋고, 가부좌 하기가 힘든 분은 의자에 앉아도 좋으나, 척추는 곧게 세우고 앉기를 권합니다.

눈은 가급적 약간이라도 뜨고 관상을 하는 것이 좋습니다. 눈을 감는 것이 처음에는 집중에 도움을 주는 듯하지만, 몇 차례 지나면 오히려 졸음과 망상을 불러 일으키기 때문입니다.

② 기도를 시작하기 전에 자녀의 현재 상황에 따라 적절한 축원의 내용을 정하여야 합니다. 그 내용은 부모님들이 가장 잘 알겠지만, '기도법 ②'에서 예를 든 ○○○의 경우라면 크게 다섯 단락으로 나눌 수 있습니다.

1. '○○○님 제가 잘못했습니다'고 하는 직접적인 참회
2. ○○○에게 빛과 힘과 건강을 주옵소서
3. ○○○에게 지혜와 자비와 행복이 충만하여지이다
4. ○○○에게 인내력·정진력·집중력을 주시어 공부 잘하게 하소서

5. ○○○가 원하는 대학에 꼭 합격하게 해주십시오

이렇게 축원이 다섯 단락으로 나뉘어졌을 경우, 하나의 축원에 대해 천주를 한 번씩 굴리면 천 번을 염불하게 되며, 다섯 가지 축원을 다 하면 최소한 5천 번의 염불을 하게 됩니다.

그러나 이 중 특히 중요하게 생각되는 축원이 있으면 그 축원을 두 차례 세 차례 반복해도 됩니다. 그리고 다섯 가지 중 한·두 가지만 집중적으로 하는 것도 좋습니다.

어느 정도 할 것인가를 이야기하라면, 천주를 열 번 돌리는 1만 번 염불을 권하고 싶습니다.

③ 기도 기간은 '기도법 ②'를 참조하십시오.

④ 기도를 시작할 때는 3배를 올리며 관세음보살님께 감사를 드립니다.

"부처님·관세음보살님, 감사합니다. 감사합니다. 감사합니다."

"부처님과 관세음보살님을 잘 모시고 살겠습니다. 잘 모

시고 살겠습니다. 잘 모시고 살겠습니다."

그리고 스스로가 정한 축원의 내용을 관세음보살님께 세 번씩 반복하여 고합니다.

⑤ 이어 첫 번째 축원을 마음속으로 끊임없이 염하면서 천주를 돌리며 입으로 관세음보살을 부르고, 앞에서 설명한 요령대로 관상을 합니다.

이때 염불은 크게 할 필요가 없습니다. 나 스스로만이 그 소리를 들을 수 있는 크기면 족합니다. 그러나 내가 부르는 염불 소리를 내 귀가 들을 수 있도록 하십시오.

그리고 천천히 부르지 말고 빨리빨리, 앞뒤가 끊임없이 이어지도록 빨리 염불하십시오. 빨리 염불하면 능숙한 사람은 6~7분, 보통은 10분, 처음 하는 사람은 15분이면 천 번을 합니다.

이상과 같이 기도하면 관상과 집중에 큰 도움이 됩니다.

⑥ 첫 번째 축원을 하며 천주를 다 돌렸으면 합장을 하고 다시 첫 번째 축원을 세 번 염한 다음, 두 번째 단락의 축원으로 넘어갑니다. 이때도 그 축원을 세 번 염

하고 시작하십시오.

⑦ 이렇게 하여 모든 축원이 끝나면 마지막으로 절을 합니다. 만약 다섯 가지 축원이었다면 5배를 올리되, 절 한 번에 하나의 축원을 세 번씩 염하십시오. 그리고 엎드려 처음과 같이 부처님과 관세음보살님께 감사를 드리고, 일어서서 '지타일시성불도. 마하반야바라밀' 축원을 하고 기도를 마칩니다.

염불과 관상과 축원을 함께 드리는 이 기도법의 영험은 참으로 큽니다.

정녕 사랑하는 자녀를 위해 올리는 우리의 기도야말로 부모 사랑의 극치입니다.

누가 기도를 쉽다고 합니까? 누가 기도를 욕심으로 하는 것이라 합니까?

기도를 한다는 것은 지극한 정성의 표출입니다. 진정한 사랑의 모습입니다. 불보살님의 가피와 부모의 진정한 사랑! 이것이 합하여지는데 녹아내리지 못할 업業이 어디에 있으며 성취를 못 할 일이 어디에 있겠습니까?

이 밖에도 광명진언·신묘장구대다라니를 쓰면서 기

도하거나, 천수경·관음경·반야심경·금강경·지장경·
법화경·화엄경약찬게 중에 하나를 백하여 사경을 하면
서 기도하는 것도 매우 좋은 방법입니다.

부디 여법如法하게 기도하시어, 부모와 자식이 함께
살아나는 사랑을 성취하시기를 축원드리고 또 축원드
립니다.

나무마하반야바라밀.

부록

효도로 부모사랑을

효도하면 만복이 깃든다

이 세상에서 '자녀 사랑'과 떼려야 뗄 수 없는 것이 하나 있습니다. 그것이 무엇일까요? 바로 부모사랑입니다.

이제 자녀들이 결코 잊지 말아야 할 '부모사랑'에 대한 글을 이 책의 부록으로 삼아, 부모 자식 간의 보다 높은 사랑을 이끌어 보고자 합니다. 왜냐하면 자녀에 대한 부모의 일방적인 사랑만으로는 서로가 서로를 살리고 깨어나게 하는 완전한 사랑을 이루어 낼 수 없기 때문입니다.

불교에서는 효도孝道를 보살도菩薩道라고 합니다. 효도야말로 보살도의 시작이요 보살도의 중심으로 보고 있습니다.

그런데도 불자인 우리는 부모님을 잊고 살 때가 많습니다. 자식이나 사랑하는 이를 위해서는 기꺼이 기도를 하고 희생도 하면서, 부모를 위해서는 기도도 희생도 잘하지 않습니다.

왜 이 시대의 사람들은 모든 행복의 가장 기초가 되는 효를 차츰 잊고 사는 것일까요? 부모님으로부터 크나큰 은혜를 입어 지금 이 자리에 이르게 되었는데도….

『심지관경心地觀經』에 있는 부처님의 말씀입니다.

"선남자여, 세상에서 어떤 이가 가장 부자고 어떤 이가 가장 가난한 이인가? 부모님이 계시면 부자라 하고 부모님이 안 계시면 가난하다 하느니라.

아버지가 계시면 해가 있음과 같고 어머니가 계시면 밝은 달이 밤하늘에 있음과 같으며, 부모님이 돌아가시면 해와 달이 사라진 암흑천지와 같으니라.

그러므로 부모님 살아계실 때 부지런히 효도하고 봉양하여야 한다. 지성으로 부처님께 공양을 올리는 사람과 정성들여 부모님께 효도하는 사람의 짓는 바 복은 조금도 차이가 없으며, 그 과보로 삼세동안 복을 받되 다함이 없느니라."

부처님의 말씀처럼, 부모님은 우리에게 해와 달이 되어 주십니다. 곧 누려움·어려움·어둠을 물리쳐주는 빛이요 광명인 것입니다.

우리는 그 은혜로 자랐습니다. 한량없는 부모님의 사랑 속에서 자랐습니다.

하지만 하늘에 있는 태양과 달의 은혜를 망각하며 살듯이, 부모님의 은혜와 사랑을 잊은 채 부모님께 소홀히 합니다. 때로는 섭섭하게 만들고, 때로는 마음을 상하게 합니다.

적어도 우리는 부모님을 부모로 대할 줄 알아야 합니다. 부모님은 아무리 늙어도 부모입니다. 아무리 힘이 없어도 부모입니다. 죽은 다음에도 부모는 부모입니다. 이러한 부모님은 부모의 자리에 있어야 하고, 자식은 자식의 자리에 있어야 합니다.

위에 계신 부모를 아래에서 받드는 것! 그것이 효의 출발이요 보살도의 출발입니다. 비록 부모가 늙고 힘이 없어 자식에게 의지할지언정, 부모님의 자리는 언제나 자식의 위쪽입니다. 부모와 자식이 마땅히 있어야 할 자리에 있는 가정이라야 행복이 쌓일 수 있고 집안이 평안해질 수 있습니다.

물론 이는 누구나 다 알고 있는 평이한 말입니다. 하

지만 이 말은 원리입니다. 원리이기 때문에 바뀌지 않고, 원리에 입각하여 살 때 행복과 평안이 깃들게 되는 것입니다. 이 원리와 관련된 이야기 한 편을 소개하겠습니다.

🌸

한 부자가 정성껏 먹을 갈아 선애仙崖라는 스님께 부탁을 드렸습니다.

"스님, 저희 집안의 가훈으로 삼을 만한 글을 한 폭 써 주십시오."

이에 선애스님은 붓을 잡고 여섯 글자를 거침없이 썼습니다.

"死父 死子 死孫(사부 사자 사손)"

'아버지가 죽고 아들이 죽고 손자가 죽는다'는 뜻의 이 글을 보고, 부자는 집안의 몰락을 상상하며 경악을 금치 못했습니다. 그래서 스님께 따졌습니다.

"이것이 가훈이 될만한 글입니까? 어찌 이토록 심한 장난을 하십니까?"

"왜 그러시오? 이 얼마나 좋은 뜻인데…."

"좋은 뜻이라고요? 모두가 죽는다는데 좋다고 할 사람이 어디에 있습니까?"

"생각을 해보시오. 거사님의 아들이 거사님보다 먼저 죽는다면 그보다 너 큰 불행이 어디에 있겠습니까? 또 거사님의 손자가 거사님의 아들보다 먼저 죽는다면 집안이 어떻게 되겠습니까? 아버지가 죽은 다음 아들이 죽고 아들이 죽은 다음 손자가 죽는 이 속에 참된 행복이 있다는 것을 왜 모르십니까? 부유한 당신에게 이것 말고 달리 더 구할 것이 있습니까?"

설명을 들은 부자는 선애스님께 감사의 큰절을 올렸습니다.

ξ

"死父 死子 死孫(사부 사자 사손)"

이것이 행복과 평안의 원리입니다.

선애스님께서 쓴 '죽음(死)'을 행복이나 평안으로 바꾸어 보십시오. 부모님이 평안하여야 내가 평안하고 우리의 아들딸이 평안하다는 것입니다. 부모님이 행복하여야 내가 행복하고 우리의 아들딸이 행복하다는 것입니다.

부모가 불행하고 불편한데 내가 어찌 평안할 수 있으며, 우리의 아들딸이 어찌 행복할 수 있겠습니까? 부모를 편안하고 행복하게 해 줄 때 나와 아들딸이 평안하고 행복해지는 것이 이 법계의 원리입니다.

이 원리를 우리는 잘 명심해야 합니다. 모든 것은 법계의 원리에 따라 전개되고, 순리를 어기면 불행이 전개됩니다. 부모를 무시한 채 아들딸에게만 잘한다면 절대로 그 집안은 잘 되지 않습니다.

실제로 아들딸이 문제아인 경우, 그 인과를 캐보면 내가 부모를 잘 봉양하지 못했기 때문인 경우가 많습니다. 바꾸어 말하면, 부모님께 잘할 때 아들딸은 저절로 잘됩니다. 이것이 법계의 원리요 인과의 법칙입니다.

그러므로 참된 행복과 평화로움을 원하거든 효도부터 하십시오. 그리고 효의 실천을 통하여 아들딸에게 효도를 가르치십시오. 그렇게 하면 법계에 가득한 행복과 평안의 기운이 우리의 집안 속에 저절로 깃들게 됩니다.

나의 업이 부모를 선택했다

일부 특별한 인연으로 맺어진 경우 외에, 대부분의 자녀들은 부모님의 사랑 속에서 자랍니다. 부모님의 사랑! 세상에서 이것처럼 숭고한 것은 드뭅니다.

실로 부모님의 사랑은 조건도 보상도 없습니다. 자식이 잘되기를 기원하며 베풀고 또 베풀기만 하는 무조건적인 사랑입니다.

자식을 위해서는 어떠한 궂은일도 마다하지 않는 분이 부모요, 아무리 힘이 들더라도 자식이 잘되면 지난 고생을 한순간에 잊고 모두를 보람으로 삼는 분이 부모입니다.

그런데 요즘 이 땅에는 묘한 풍조가 생겨나고 있습니다. 효도를 제일의 미덕으로 삼았던 옛날과는 달리, 부모가 자식의 눈치를 보고 시부모가 며느리에게 구박을 당하면서도 아무런 말도 하지 못하는 시대로 바뀌었습니다. 늙은 부모를 돌보지 않는 자녀는 이미 흔하게 되었으며, 부모를 때리는 자식, 버리는 자식, 죽이는 자식까지 있습니다.

『부모은중경』에는 이에 대한 부처님의 강한 경고의 말씀이 있습니다.

"부모 나이 많아 기력이 줄면 부모를 멀리하고 문안조차 하기를 꺼려하니, 마치 길 가는 나그네가 붙어사는 것처럼 대하는 자식이 있다. 이에 부모는 마침내 크게 탄식하기를, '내 전생에 무슨 죄를 지어 저렇듯 불효한 자식을 두었던고' 하기에 이른다.

만약 자식이 되어 부모로 하여금 이런 말을 하기에 이르도록 하면, 그 자식은 이 말과 함께 무간지옥에 떨어지게 될 것이며, 어떤 부처님도 천신도 그를 지옥에서 건지지 못하느니라."

가히 '부모의 탄식'만으로도 자식이 몸을 움직일 수조차 없는 무간지옥에 떨어진다고 하였는데, 부모를 때리고 버린다면 그 업이 어떠하겠습니까?

하지만 이런한 업설業說로도 효가 바로 서지 않는 것

이 요즘 사회입니다. 핵가족화가 되면서, 이 사회에 '부모보다 나와 자식이 먼저'라는 이기심이 뿌리를 내려 보편화되고 있기 때문입니다.

이제 우리는 태어남과 관련된 한가지 근원적인 문제를 통하여 효의 당위성을 생각해 볼 때가 되었습니다.

그 한가지 문제란 무엇인가?

그것은 '나'의 태어남에 있어, "부모가 나를 선택했는가? 내가 부모를 선택했는가?"하는 것입니다.

가끔 청소년들에게 물어보면 대답이 한결같습니다.

"너는 어떻게 해서 이 세상에 태어나게 되었느냐?"

"몰라요. 우리 부모님이 사랑을 나누다가 저를 낳은 것이겠지요."

그리고 전통적으로는, '아버지는 씨요 어머니는 밭이며, 그 밭에 씨를 심고 가꾸어 태어난 존재가 자식'이라고 주장합니다. 이에 덧붙여, '아버지 어머니가 없었으면 애초부터 태어날 수도 없었으므로 효도를 해야 한다'고 가르쳐 왔습니다.

그러나 이러한 말들을 되씹어보면, '이 세상에 태어난 것이 나의 의지와는 관련이 없으며, 따라서 책임도 없다'는 논리를 성립시킵니다.

이 논리에 의해 아이들은, "나는 부모님의 의지 또는

사랑놀이에 의해 태어났고, 내가 이러한 부모를 모시고 이러한 환경에서 살게 된 것은 오로지 부모님의 책임"이라고까지 합니다.

그래서 아이들은 자신이 아주 힘든 상황에 처하거나 부모로부터 강한 제재를 받을 때 종종 소리칩니다.

"내가 언제 태어나고자 했어? 자기들이 원해 낳았으면서…."

"기왕이면 말 잘 듣고 똑똑한 아이 낳지, 왜 나 같은 자식을 낳았어?"

"왜 나를 낳아 이렇게 힘든 세상을 살게 하는 거야?"

"낳았으면 책임을 져야지, 왜 나만 힘들게 해!"

이러한 말들을 자세히 분석해보십시오. 이 세상에 태어난 것이 나의 의지와는 아무런 상관이 없다는 것입니다. 모두가 부모 탓이라는 것입니다.

이 힘들고 마음대로 되지 않는 사바세계에 태어난 것이 부모 때문인데, 부모 때문에 태어나 고달프고 힘들게 사는데, 효도는 무엇이며 부모에게 잘 할 까닭이 무엇이냐는 것입니다.

그래서 부모에게 반항을 하기도 하고, 아내·남편·자

식이나 잘 거두며 살면 된다고 생각합니다.

물론 자신이 행복할 때는 이러한 말이나 생각을 하지 않겠지만, 이러한 생각이 잠깐이라도 떠오르는 것은 '내가 이 세상에 태어나게 된 까닭'을 모르고 있기 때문입니다. 그 근원적인 까닭을 알면 불효가 되는 말이나 행동이나 생각을 함부로 하지 않게 됩니다.

부디 기억하십시오. 결코 우리는 이 세상에 그냥 태어난 존재가 아닙니다. 어머니라는 밭에 아버지가 씨를 심어 생겨난 존재가 아닙니다. 부모의 사랑놀이에 의해 태어난 존재가 아닙니다. '어머니, 왜 나를 낳으셨나요?'라며 원망을 할 수 있는 존재가 아닙니다.

내가 이 세상에 태어난 것은 '나'의 업에 의해서입니다. 인연법으로 풀이하면 내가 인因입니다. 내가 씨앗이요 부모가 연緣, 곧 환경입니다.

나의 업業이 부모를 찾아가고, 내 업의 기운 때문에 어머니의 태중으로 들어간 것입니다. 부모가 나를 만들어 낸 것이 아니라, 내가 부모를 선택한 것입니다. 나의 업이 지금의 부모를 선택하여 내가 이 세상에 태어난 것입니다.

굳이 책임을 따진다면, 오히려 부모는 여러 생의 인연

과 빚으로 나를 낳아주고 키워주고 정성을 다할 뿐이며, 부모를 택한 것은 오로지 나의 의지요 나의 업 때문입니다. 윤회와 관련된 옛 실화 속에는 이를 입증해 주는 사례들이 참으로 많습니다. (지면관계상 예는 들지 않겠습니다. 일타스님의 저서인 「윤회와 인과응보이야기」, 「기도」 등을 참고하시기 바랍니다.)

그런데 그 사례들을 살펴보면, 영가들의 눈에는 하나같이 의탁할 새로운 삶의 인연처가 한없이 좋게만 보인다고 합니다. 개의 태胎가 신선이 노니는 곳으로 보이고, 까치의 집이 고래등 같은 집으로 보여 '좋다꾸나' 하면서 그 속으로 들어갑니다. 그 결과, 개로 태어나고 까치의 몸을 받습니다.

우리의 부모 태중 또한 대광명을 발하는 아주 좋은 별천지로 보이기 때문에 그곳으로 찾아 들어갑니다. 그때 다른 곳은 온통 어두워 보이지도 않습니다. 오직 자기가 태어날 인연처만이 또렷이 보이고 다시없이 좋게 느껴집니다.

이것이 무엇을 일깨워 줍니까? 나는 나의 업대로 태어난다는 것입니다. 부처님도 하느님도 아닙니다. 나의 업이 나를 인도하여 인연 있는 부모를 선택하고, 그 부모 슬하의 자식이 된 것입니다.

그러므로 이 세상에 태어나는 것, 현재의 부모를 모시게 된 것이 철두철미하게 '나' 때문임을 깨달아야 합니다. 나의 업 때문임을 깨달아야 합니다.

이렇게 세상에 태어나게 된 인因이 바로 나요, 부모는 나를 이 세상에 존재하게끔 도와준 연緣이라는 사실을 분명히 알면, 어떠한 자식도 부모를 탓하거나 몹쓸 업을 짓지 않게 됩니다.

부디 자식의 자리에 있는 분들은 깊이 명심하십시오.

내가 부모를 선택하였다는 것을.

나에게 오는 고난·시련·아픔 등은 부모 때문이 아니라는 것을.

그리고 앞으로는 절대로 부모를 원망하지 마십시오. 내가 현재의 집안에서 태어나서 이미 받았거나 앞으로 받게 될 행복과 불행은 다 '나 때문'이라는 것을 되새겨, 기꺼이 감수하면서 효도라는 최상의 선을 실천해야 합니다.

인因은 나요, 부모는 연緣! 어찌 연에 내가 받는 과보의 책임을 돌릴 것입니까? 연이 되어 주신 부모님을 어떻게 원망할 수 있겠습니까? 나아가, 이 부모가 다음 생에는 나의 자식이 되어 빚을 받게 되는 것이니….

불교에서 효도를 하라는 진정한 이유도 여기에 있습

니다.

효도를 통하여 부모와의 맺힌 업을 녹이고, 효의 도를 통하여 향상의 길로 나아가면 끝없는 행복이 펼쳐집니다.

효孝! 결국 누구를 위한 효도입니까? 인연법을 믿는 불자라면 능히 이해하여 효를 실천하게 될 것입니다.

부모님 은혜와 효도하는 법

부처님께서는 『부모은중경』에서 부모님의 열 가지 큰 은혜인 십중대은十重大恩을 게송으로 설하셨습니다.

① **회탐수호은**懷耽守護恩 : 잉태하여 지켜주신 은혜

여러 겁　짓고 맺은　지중한　인연으로

어머니　태를 빌려　세상에　태어날새

열 달을　하루같이　곤경을　치르건만

모든 것　다 잊고서　아기만　생각하네

② **임산수고은**臨産受苦恩 : 해산의 큰 고통 감수하신 은혜

달이 차　아기날 때　온몸은　뒤틀리고

무섭고　두려움에　혼미한　상태지만

그래도　기운 차려　순산을　다짐하며

새 생명 　이루시는 　거룩한 　모습이여

③ **생자망우은**生子忘憂恩 : 낳은 뒤 모든 근심 잊으신 은혜

또렷한 　아기 울음 　세상에 　울릴 적에

죽을듯 　아픈 고통 　말끔히 　가셔지고

충실한 　아기 모습 　반갑기 　그지없어

기쁨을 　나누면서 　즐기는 　부모 모습

④ **인고토감은**咽苦吐甘恩 : 쓴 것 삼키고 단 것 먹이신
은혜

사랑이 　깊으시니 　단 것은 　모두 주고

은공이 　높으시니 　쓴 것은 　대신 받네

어버이 　자식 생각 　무엇에 　비하리오

단 이슬 　넘쳐나는 　봄 동산 　같으시네

⑤ **회건취습은**廻乾就濕恩 : 마른자리에 가려 눕히신 은혜

진자리 　마른자리 　가려서 　누이옵고

차가운 　바람결을 　옷으로 　막으시니

부모가 　아니라면 　누군들 　그리하랴

아기의 　편안함에 　고생을 　잊었도다

⑥ 유포양육은乳哺養育恩 : 젖을 먹여 길러주신 은혜

어머니   크신 은혜   땅에다   견주리까

아버지   높은 공덕   하늘에   비기리까

어머니   젖 주시고   아버지   품어 주니

그 하늘   그 땅에서   아들딸   자라나네

⑦ 세탁부정은洗濯不淨恩 : 더러움을 씻어 주신 은혜

은혜가   깊을수록   부모는   축이 나나

아들딸   더러운 것   모두 다   씻어주며

큰 보물   다루듯이   소중히   가꾸시니

꽃 같은   그 얼굴에   주름만   잡혀 가네

⑧ 원행억념은遠行憶念恩 : 멀리가면 늘 걱정하신 은혜

자식이   자라나서   부모곁   떠나가도

마음은   한결같이   자식을   따르나니

밤이면   추을세라   낮이면   주릴세라

지극한   자애로움   끝남이   없음일새

⑨ 위조악업은爲造惡業恩 : 몹쓸 짓 마다 않고 자식을
키운 은혜

아들딸   깨우치려   몹쓸업   짐짓 짓고

아들딸 괴로움을 부모가 대신 받네

넓고도 깊은 마음 측원을 가득 품고

바르게 자라가기 주야로 기도하네

⑩ **구경연민은**究竟憐愍恩 : 끝까지 어여삐 여기는 은혜

늙어서 부모 나이 백 살이 되더라도

여든 된 아들딸을 쉼 없이 걱정하니

서거나 앉았거나 마음은 따라가고

멀거나 가깝거나 사랑은 한결같네

십중대은十重大恩.

실로 내 자식이 아니라면, 세상에서 누구에게 이렇듯 큰 은혜를 베풀겠습니까? 힘들어도 감수하고 아파도 감수하고 슬퍼도 감수하면서, 부모님은 자식을 위해 마냥 축원하고 마냥 베풀어주십니다.

그 마음가짐, 그 행동 그 노력 하나하나를 돌이켜보면 눈물겹도록 감사하고, 부모님의 은혜를 어떻게 하여야 다 갚을지 참으로 막막하기까지 합니다.

하지만 부모님의 은혜를 마음 깊이 담을 수만 있다면, 자식 된 우리 또한 효를 능히 지혜롭게 실천할 수 있을 것입니다. 그러므로 효도하는 법에 대해 너무 많

은 이야기는 하지 않겠습니다. 다만 꼭 지켰으면 하는 세 가지 기본 사항만 제시하고자 합니다.

첫째, 부모님께 감사를 드립시다.

대부분의 자식들은 부모님의 크신 은혜와 사랑을 마음에 새겨 부모님께 잘해 드리고자 합니다. 그러나 바쁘게 살다 보면 그 은혜와 사랑을 잊을 때가 많습니다. 그러므로 하루에 한두 차례씩은 부모님을 떠올리며 '감사하다'는 것을 염송할 필요가 있습니다.

매일 기도를 하는 불자라면 꼭 기도 끝에 부모님의 모습을 떠올리며 축원과 함께 '아버님 어머님, 감사합니다'(3번)라고 하십시오. 3배를 하면 더욱 좋습니다.

감사의 그 마음은 이 법계의 파장을 타고 살아계신 부모나 돌아가신 부모님께 전달되며, 부모님께서는 흐뭇함과 평화를 느끼게 되고, 그 복은 다시 나에게로 돌아옵니다.

아울러 일상생활 속에서도 부모로부터 도움을 받거나 힘을 얻었을 경우, 당연하다는 듯 넘어가지 말고 '감사합니다'라고 하십시오. 그 말 한마디가 부모 자식의 인연을 더욱 좋게 만들어 줍니다.

둘째, 부모님을 부처님처럼 대하고자 하십시오.

우리 불교에서는 부모님을 부처님처럼 받들라고 합니다. 무조건적인 사랑을 베푸는 부모님은 이해관계를 넘어선 크나큰 사랑인 무연대비無緣大悲를 실현하는 부처님과 다를 바가 없기 때문에, 부처님처럼 받드는 것이 당연하다는 가르침입니다.

지금 우리 앞에 부처님이 계신다고 합시다. 만약 부처님께서 '어떻게 하여라'고 하신다면, '싫어요·아니요·못해요'라고 하겠습니까? 설혹 못할지라도 '예'라고 할 것입니다.

부모님은 부처님과 동격입니다. 그러므로 부모님의 말씀이나 지시가 있을 때, 먼저 '예'라고 대답하는 습관부터 길러야 합니다.

먼저 '예'라고 긍정할 때, 법계에 가득한 순리順理의 좋은 기운이 나에게 깃들게 됩니다.

물론 부모님께서 그릇된 것을 이야기할 때는 거부를 하는 것이 마땅합니다. 그것이 효의 길이기 때문입니다. 그러나 일단은 '예'라고 대답한 다음, '그런데 부모님, 그 일은…'하며 차근히 설득하십시오.

그렇게 하면 부모님은 자식의 거부에 섭섭함을 느끼기 보다 대견스럽게 여기십니다. 아울러 일방적인 지시는 차츰 사라지고, 상의와 대화를 하고자 하십니다.

그리고 부모가 자식을 기를 때 베풀었듯이 나이 드신 부모님께는 물질적인 재시財施, 정법을 알게 하는 법시法施, 평화로움을 안겨주는 무외시無畏施를 함께 베풀어야 합니다.

특히 함께 살지 않는 부모님일 경우라면 며칠에 한 번씩 드리는 문안 전화, 명절이나 생일 때의 정성이 담긴 선물, 형편껏 드리는 용돈, 그리고 따뜻한 말 한마디가 중요합니다.

의지할 곳 없는 외로운 노인이 아니라, 의지처가 되는 든든한 자식이 있다는 것을 느끼는 것만으로도 우리의 부모님들은 기뻐하고 행복해합니다.

부모님께 두려움 없는 평화로움을 드리는 것! 이것이 최상의 보시인 무외시요 효도이며, 이 법계의 무한 행복을 '나'에게로 불러들이는 방법입니다.

꼭 기억하시기 바랍니다. 우리의 부모님은 부처님 같은 분임을….

셋째, 돌아가신 부모님을 천도해 주십시오.

돌아가신 부모님을 위해 한 차례의 정성이 깃든 천도는 자식 된 도리로 볼 때 당연한 것입니다. 그래서 불교에서는 49재를 지내줍니다.

그러나 돈을 주고 절에서만 천도재를 올린다고 하여 영가가 좋은 세상에 태어나는 것은 아닙니다. 49재를 지낼 때는 꼭 자식의 정성이 함께 해야 합니다.

영가가 이 세상에서 가장 애착을 가졌던 존재가 자식이기 때문에, 자식이 정성껏 기도하며 천도를 하면 참으로 효과가 있습니다.

그러므로 절에서는 49재를 올리고, 그 49일 동안 집에서는 매일 불경을 읽거나 염불·진언 등을 외우며 극락왕생을 기원해 주어야 합니다.

만일 부모가 돌아가셨는데도 아직까지 49재를 올려드리지 못하였다면, 기회를 만들어 절에서 한 차례의 천도재를 지냄과 동시에, 집에서라도 49일 동안 기도를 하십시오. 부모님의 은혜를 갚는 마음으로 꼭 한 차례 정성껏 기도를 해주기 바랍니다. (방법은 우룡큰스님의 「영가천도」 참조)

그리고 한 차례 정성껏 기도를 하였으면 그다음부터 부모님 영가에 너무 집착을 하지 마십시오. 설혹 점집 등에서 현재의 문제나 사건들이 '영가장애' 때문이라고 할지라도, 부질없이 집착하지 말고 정법正法으로 임하면 됩니다.

아울러 제삿날을 잊지 않고, 백중 등 절에서 영가천도의 행사가 있을 때 동참하는 것이 좋습니다.

부모님이 잘 천도되어 좋은 세상에 태어나면 부모님과 좋은 인연을 맺은 나는 어떻게 되겠습니까? 잘 유념하시기 바랍니다.

이제까지 우리는 이 책의 부록으로 부모님의 은혜와 효도에 대해 살펴보았습니다.

인연의 법칙 따라 끊임없이 이어지는 부모와 자녀 사이의 관계는 단순한 세속의 일이 아닙니다.

지극한 사랑, 무조건적인 사랑이 오고가는 그 관계 자체가 도道라는 것을 잊지 마시고, 부모와 자녀 사이의 관계를 더욱 좋은 인연으로, 마침내는 깨달음의 도가 될 수 있도록 끊임없이 가꾸어 나가시기를 두 손 모아 축원드리고 또 축원드립니다.

나무마하반야바라밀.

기도 및 영가천도의 지침서

 광명진언 기도법 / 일타스님·김현준　　　　신국판　176쪽　5,000원
광명진언 기도를 널리 펴고자 일타스님과 김현준 원장이 함께 저술한 책. 광명진언 속에 새겨진 삼의미와 바른 기도법, 빠른 기도성취법 등을 자상하게 설하고, 유형별 기도성취 영험담을 다양하게 수록하였으며, 누구나 보기 쉽도록 큰활자로 발간하였습니다. 광명진언을 외우면 행복과 평화, 영가천도, 소원성취를 이룰 수 있습니다.

 생활 속의 기도법 / 일타스님　　　　　신국판　160쪽　5,000원
불교계 최대의 베스트셀러! 일상생활에서 누구나 처할 수 있는 여러 가지 상황에 따른 구체적인 기도방법에서부터 특별기도성취법·영가천도기도법·기도할 때 지녀야 할 마음가짐까지, 자상한 문체로 예화를 섞어 쉽고 재미있게 엮었습니다.

 기도 / 일타스님　　　　　　　　　신국판　240쪽　7,000원
총 6장 52편의 다양한 기도 영험담으로 엮어진 이 책을 읽다보면 기도를 통해 틀림없이 부처님의 가피를 입을 수 있음을 확신할 수 있게 되고, 올바른 기도법과 함께 기도성취의 지름길을 알 수 있게 됩니다.

 기도성취 백팔문답 / 김현준　　　　신국판　240쪽　7,000원
기도에 대한 정의·기도와 믿음·업장소멸의 방법·꾸준한 기도의 효험·원을 세우는 법·축원법·각종 기도가피와 기도성취의 시기·성취를 위한 하심법下心法 등 기도에 관한 궁금증들을 문답형식으로 자상하게 풀이하였습니다.

 참회와 사랑의 기도법 / 김현준　　　신국판　192쪽　6,000원
총 84가지 문답을 통하여 참회의 정의에서부터 참회기도를 해야하는 까닭, 절을 통한 참회법·염불참회법·주력참회법·가족을 향한 참회법, 기도 축원의 구체적인 내용 및 자비의 기도가 갖는 효과, '백중과 영가천도'등에 대해 아주 상세하게 설명하고 있습니다.

 불교의 자녀사랑 기도법 / 김현준　　신국판　160쪽　5,000원
자녀들을 정말 잘 사랑할 수 있는 방법을 부처님의 가르침에 의지하여 쓴 책입니다. 자녀 교육 방법, 자녀를 위한 기도법과 함께 부모님께 효도해야 하는 까닭도 수록하였습니다.

 참회·참회기도법 / 김현준　　　　　신국판　160쪽　5,000원
참회의 참된 의미, 절·염불을 통한 참회법, 참회인의 마음가짐, 이참법 등을 영험담들과 함께 감동 깊게 엮은 책으로, 참회를 통해 행복하고 자유로운 삶을 사는 방법을 열어주고 있습니다.

신묘장구대다라니 기도법 / 우룡스님·김현준   신국판 208쪽 6,000원

신묘장구대다라니를 외우면 생겨나는 가피와 공덕, 기도의 방법과 주의할 점, 우룡스님이 들려주는 14편의 영험담, 대다라니의 근본경전인『무애대비심다라니경』을 수록하고 있는 이 책을 읽고 자신있게 기도하면 심중소원의 성취와 기적같은 체험도 할 수 있습니다.

기도 성취의 지름길 / 우룡스님   4×6판 160쪽 4,000원

가족을 위한 기도와 기도 성취의 원리에 초점을 맞춘 감동적인 기도법문입니다. 제1부「가족 행복을 위한 기도」에서는 가족을 향한 참회와 절의 필요성, 3배 기도의 큰 영험에 대해 일러주고 있으며, 제2부「빠른 기도 성취의 길」에서는 믿음과 정성이 뒤따라야 기도 성취를 잘 할 수 있고, 기도의 고비를 잘 넘겨야 능히 행복과 대해탈의 문이 열린다는 것을 많은 이야기를 곁들여 설하고 있습니다.

기도 이야기 / 우룡스님   신국판 204쪽 6,000원

"스님, 기도로 소원을 성취할 수 있습니까?" 총 6장 45편의, 참으로 재미있는 기도성취 영험담이 수록된 이 책을 읽고 기도를 하면, 불보살님과 통하는 감응의 길이 열리면서 심중소원을 빨리 성취하게 됩니다. 또한 이야기 끝에 붙인 큰스님의 해설은 기도의 방법을 쉽게 터득할 수 있도록 이끌어줍니다.

영가천도 / 우룡스님   신국판 160쪽 5,000원

영가의 장애를 느끼십니까? 돌아가신 영가를 영가를 제대로 천도해 드리지 못했습니까? 영가천도의 필요성과 기본자세, 염불·독경·사경을 통한 영가천도, 49재, 낙태아 천도 등 영가천도에 관한 궁금증 및 천도의 방법을 우룡스님의 자세한 법문으로 풀어드립니다.

미타신앙·미타기도법 / 김현준   신국판 160쪽 5,000원

아미타불의 참 모습에서부터 극락에서 누리는 행복, 칭명염불·오회염불·관상염불·천도염불 등의 각종 염불수행법과 함께 임종하는 이를 위한 의식과 49재 기간의 행법 등을 자세히 밝히고 있습니다.

관음신앙·관음기도법 / 김현준   신국판 240쪽 7,000원

관세음보살의 구원 능력, 주요 경전 속의 관음관, 11면관음·천수관음·32응신·33관음 등 자비관음의 여러 가지 모습, 일심칭명 일념염불의 관음기도법, 독경 사경 기도법, 다라니 염송 기도법 등을 자세하고도 알기 쉽게 풀이하였습니다.

지장신앙·지장기도법 / 김현준   신국판 192쪽 6,000원

지장신앙 속에는 영가천도뿐만이 아니라 현세에서의 행복과 깨달음, 성불의 비결까지 간직되어 있습니다. 이러한 지장신앙의 여러 측면과 함께 생활 속에서 할 수 있는 지장기도법을 자세히 밝혀놓았습니다.

법보시를 원하시는 분은 출판사로 연락 주십시오. 할인혜택을 드립니다.
전화 02-587-6612, 582-6612 팩스 02-586-9078

삶의 향기를 더해주는 일타큰스님 법문집

부드러운 말 한마디 미묘한 향이로다 / 일타스님　240쪽　7,000원
일타스님 대표 법문집. 삶의 이유, 복된 삶 이루는 방법, 보시와 지계, 두 닦는 법, 지혜성취법 등의 맑고 주옥같은 법문을 수록하여 읽는 이들에게 행복의 세계로 향하는 문을 열어주고 있습니다.

불자의 마음가짐과 수행법 / 일타스님　신국판 192쪽　6,000원
불자들이 큰 행복과 대자유를 얻기 위해서는 어떠한 마음가짐으로 살아야 하며, 참선·염불·간경·주력의 불교 4대 수행법을 어떻게 닦아야 하는가를 갖가지 비유를 들어 자상하게 설하고 있습니다.

불자의 기본 예절 / 일타스님　신국판 160쪽　5,000원
불교 예절의 근본이 되는 마음가짐과 말씨, 걸음걸이와 앉음새, 합장법, 절하는 법, 법당에서의 예절, 법문 듣는 법, 목욕·입측법 등 절집안의 생활 예절을 보다 쉽게 접할 수 있도록 많은 이야기를 곁들여 재미있게 엮었습니다.

오계이야기 / 일타스님　신국판 160쪽　5,000원
살생·투도·사음·망어의 근본 4계에 불음주계를 합한 5계에 대한 법문집. 재미있는 일화를 들어 각 계율의 연원과 지키는 방법, 계율을 범했을 때의 과보 등을 자세히 설했습니다. 복된 불자의 길로 나아가게 하는 불자의 필독서입니다.

윤회와 인과응보 이야기 / 일타스님　신국판 240쪽　7,000원
"죽음 뒤의 세상, 인간은 과연 윤회하는 존재인가?" 내가 지은 업은 어떻게 전개될 것인가? 이러한 의문의 해답을 일러주고자 총 49가지 이야기로 엮은 이 책을 읽다 보면 윤회와 인과응보에 대한 해답을 명확하게 얻을 수 있게 됩니다.

....

육조단경 / 김현준 역　신국판 240쪽　7,000원
육조 혜능대사께서 설한 선종의 근본 경전으로 인간의 참된 본성을 보게 하여 마음을 치유하고 깊은 깨달음을 열어주는 불자의 필독서입니다.

선가구감 / 서산대사 저·용담스님 역주　신국판 240쪽　7,000원
선수행 뿐 아니라 참회·염불·육바라밀 등 불교의 요긴한 가르침을 일목요연하게 정리하여 불자들의 신심과 정진에 큰 도움을 주는 소중한 책입니다.

리틀 붓다, 행복을 찾아서 / 클라우스 미코슈 지음·김연수 옮김
재치와 감동과 따뜻함이 있는 이야기. 지혜로운 삶에 관한 이야기. 꿈과 성취와 행복이 담긴 이야기. 소중한 삶의 주제들로 가득 채워진 이 책을 읽다 보면 진정한 행복이 무엇인지를 깨닫게 되고, 우리의 불성이 깨어나고 있음을 느낄 수 있게 됩니다.　　　　　　　　　　　　　　　　　　컬러양장본 184쪽　12,000원

우룡큰스님의 스테디셀러

불자의 행복 찾기 / 우룡스님   신국판 190쪽 6,000원
우룡스님 설법의 결정판. ① 복 받기를 원하거든 ② 보시로 이루는 큰 복 ③ 아상과 무주상 ④ 행복과 기도의 총 4장으로 나누어져 있는 이 책을 읽다 보면 복 짓고 복 쌓고 복 받는 방법과 원리를 저절로 터득할 수 있게 됩니다.

신심으로 여는 행복 / 우룡스님   신국판 192쪽 6,500원
믿음과 기도, 신심을 키우는 방법, 신심 속에서 나타나는 가피와 성취, 윤회에 대한 믿음, 불성의 발현과 믿음, 가정과 나를 살리는 실천법 등이 수록되어 있습니다.

정성 성誠이 부처입니다 / 우룡스님   신국판 240쪽 7,000원
'정성 성'이 부처요, 모든 것이 부처님 하는 일. 대우주와 하나되는 삶, 마음 단속과 마음 열기, 마음 다스리기, 번뇌와 업장을 비우는 방법 등을 쉽게 일러주고 있습니다.

불교란 무엇인가 / 우룡스님   국판 160쪽 5,000원
'불교는 해탈의 종교·해탈을 얻는 원리·무엇이 부처인가·소승과 대승불교' 등 불자들이 마음에 새기고 실천해야 할 불교의 핵심되는 가르침을 많은 예화를 곁들여 설한 책입니다.

불자의 살림살이 / 우룡스님   신국판 160쪽 5,000원
참된 불자의 살림살이가 무엇인지, 특히 가족을 향한 참회와 복 짓는 방법, 평온을 얻고 지혜를 이루는 방법을 쉽고도 일목요연하게 설한 법문집입니다.

불교의 수행법과 나의 체험 / 우룡스님   신국판 160쪽 5,000원
염불 및 주력수행법, 기도를 잘하는 법, 경전공부의 방법, 참선 수행법, 수행과 업장소멸, 수행정진의 비결 등을 스님의 체험을 예로 들면서 재미있게 엮었습니다.

불교신행의 주춧돌 / 우룡스님   신국판 240쪽 7,000원
신행생활 속에서 자주 겪게 되는 시행착오를 미리 피하고, 올바른 정진을 하여 깨달음의 세계로 나아가는데 꼭 필요한 마음가짐과 신행방법 등을 자상한 문체와 일화들로 알기 쉽게 엮었습니다.

참 생명을 찾는 경봉스님 가르침 / 김현준   신국판 192쪽 6,000원
경봉스님의 참 생명을 찾는 공부 방법과 도와 인생의 실체, 이 사바세계를 무대로 삼아 멋있게 사는 법 등을 다양한 이야기와 함께 엮은 책입니다..

도와 함께하는 행복과 성공 / 김현준 엮음   신국판 160쪽 5,000원
경봉대선사께서 행복은 어디에 있고 어디에 깃들며, 어떻게 할 때 성공하는가? 복 짓는 법과 성공에 있어 가장 필요한 것은 무엇인가를 설한 책입니다..

알기 쉬운 경전 해설서

생활 속의 천수경 (개정판) / 김현준   신국판 240쪽 7,000원

천수관음이 출현하신 까닭, 천수관음을 청하는 법과 가피를 얻는 법, 신묘장구대
다라니의 풀이와 공덕, 찬탄의 공덕과 참회성취의 비결, 준제기도 및 주요 진언 속
에 깃든 의미, 여래십대발원문 사홍서원 삼귀의 의미 등을 상세히 풀이하였습니다.

생활 속의 금강경 / 우룡스님   신국판 304쪽 8,000원

금강경의 심오한 내용을 알기 쉽게 풀이하고 일상생활과 접목시켜 강설함으로써
삶의 현장에서 금강경의 가르침을 능히 응용할 수 있도록 하였고, 감동을 주는 일
화들을 많이 삽입하여 재미를 더해주고 있습니다.

생활 속의 관음경 / 우룡스님   신국판 240쪽 7,000원

관세음보살보문품인 관음경을 통하여 관세음보살의 본질, 일심칭명과 재난 소멸
법, 공경예배와 소원 성취법, 관세음보살을 관하는 법 등에 대해 여러 가지 영험담
과 함께 감동적으로 풀이하고 있습니다.

생활 속의 반야심경 / 김현준   신국판 272쪽 8,000원

반야심경의 구절구절들을 우리의 생활과 결부시켜 참으로 쉽고 명쾌하게 해석하
였습니다. 공空의 의미, 모든 괴로움의 원인과 해탈법, 색즉시공 공즉시색의 참 뜻,
걸림 없고 진실불허한 삶을 이루는 방법 등을 감동적으로 풀이하였습니다.

예불문, 그 속에 깃든 의미 (신간) / 김현준 지음   256쪽 7,000원

많은 불자들이 궁금해 하였던 오분향의 의미와 지심귀명례하는 방법, 불법승 삼
보의 내용과 문수·보현·관음·지장보살, 십대제자·16ㄴ한·5백나한·천이백이라
한·역대조사, 그리고 사부대중의 화합 등을 이 책 속에 모두 담았습니다.

생활 속의 보왕삼매론 (전면개정판) / 김현준 신국판 240쪽 7,000원

『보왕삼매론』을 해설한 이 책은 병고 해탈, 고난 퇴치, 마음공부와 마장 극복, 일
의 성취, 참사랑의 원리, 인연 다스리기, 공덕 쌓는 법, 이익과 부귀, 억울함의 승
화 등 누구나 인생살이에서 겪게 되는 장애들을 속 시원하게 뚫어주고 있습니다.

보왕삼매론 사경 (1책으로 50번 사경)   4×6배판 120쪽 4,000원

보왕삼매론을 사경하면 재앙이 소멸됨은 물론이요 생활 속의 걸림돌이 디딤돌로 바뀌
고 고난이 사라져 하루하루가 편안해집니다.

보현행원품 한글사경 (1책으로 3번 사경)   120쪽 4,000원

행원품을 사경하면 자리이타의 삶과 업장 참회, 신통·지혜·복덕·자비 등을 빨리 이룰
수 있고 세세생생 불법과 함께하며 보살도를 성취할 수 있습니다.

약사경 한글사경 (1책으로 3번 사경)   112쪽 4,000원

약사경을 사경하면 약사여래의 가피가 저절로 찾아들어, 병환의 쾌차, 집안 평안, 업장소
멸을 비롯한 갖가지 소원을 쉽게 성취할 수 있습니다.

영험 크고 성취 빠른 각종 사경집 (책 크기 4×6배판)

광명진언 사경 (가로쓰기:1080번 사경)　　　　　128쪽 4,000원
광명진언 사경 (세로쓰기:1080번 사경)　　　　　128쪽 4,000원
눈으로 보고 입으로 외우고 손으로 쓰고 마음으로 새기는 광명진언 사경은 크나
큰 성취를 안겨줍니다.

금강경 한글사경 (1책으로 3번 사경)　　　　　　144쪽 5,000원
금강경 한문사경 (1책으로 3번 사경)　　　　　　144쪽 5,000원
금강경 한문한글사경 (1책으로 1번 사경)　　　　100쪽 3,500원
요긴하고 으뜸된 경전인 금강경을 사경해 보십시오. 업장소멸과 함께 크나큰 깨
달음과 좋은 일들이 저절로 다가옵니다.

아미타경 한글사경 (1책으로 7번 사경)　　　　　116쪽 4,000원
살아 생전 또는 부모나 가까운 분이 돌아가셨을 때 이 경을 쓰면 극락왕생이
참으로 가까워집니다.

반야심경 한글사경 (1책으로 50번 사경)　　　　116쪽 4,000원
반야심경 한문사경 (1책으로 50번 사경)　　　　116쪽 4,000원
반야심경을 사경하면 호법신장이 '나'를 지켜주고, 공의 도리를 깨달아 평화롭
고 안정된 삶이 함께 합니다.

신묘장구대다라니 사경 (50번 사경)　　　　　　116쪽 4,000원
대다라니를 사경하면 관세음보살님과 호법신장들이 '나'와 주위를 지켜주고 소
원성취와 동시에, 행복하고 자비심 가득한 마음을 가질 수 있도록 해줍니다.

천수경 한글사경 (1책으로 7번 사경)　　　　　　112쪽 4,000원
천수경을 사경하고 독송하면 천수관음의 가피가 저절로 찾아들어, 업장 및 고
난의 소멸과 갖가지 소원을 쉽게 성취할 수 있습니다.

관음경 한글사경 (1책으로 5번 사경)　　　　　　112쪽 4,000원
관음경을 사경하면 늘 행복이 함께하며, 학업성취·건강쾌유·자녀의 성공·경제
문제 등에도 영험이 매우 큽니다.

지장경 한글사경 (1책으로 1번 사경)　　　　　　144쪽 5,000원
지장경을 사경하고 독송하면 영가천도는 물론이요, 각종 장애가 저절로 사라지
고 심중의 소원이 성취됩니다.

관세음보살 명호사경 (1책으로 1만8백번 사경)
지장보살 명호사경 (1책으로 1만번 사경)　각 권 208쪽 7,000원
'관세음보살'이나 '지장보살'의 명호를 쓰면서 입으로 외우고 마음
에 새기면, 관세음보살님과 지장보살님의 가피를 입어 몸과 마음이
큰 변화를 이루고, 마음속의 원을 능히 성취할 수 있습니다.

많이 찾는 기도 독송용 경전

한글『법화경』과『법화경 한글사경』

불교 최고 경전인 법화경! 이 경을 독송하고 사경해 보십시오.
소원성취는 물론 깨달음과 경제적인 풍요까지 안겨줍니다.

법화경 (독송용) 김현준 역　　4x6배판　총20,000원
전3책　제1·2책 176쪽 6,500원 제3책 192쪽 7,000원

법화경 한글사경 김현준 역　4x6배판　총 20,000원
전5책 각권 120쪽 내외 권당 4,000원

자비도량참법 / 김현준 역　　　　　　　양장본　528쪽　20,000원

불교 최고의 참회법인 자비도량참법!
참되이 참회하시기를 원하십니까? 자비도량참법 기도를 하면 나의 허물과 죄업의
참회에서 시작하여 부모 스승 친척 등 육도 속을 윤회하는 온 법계 중생의 업장
과 무명까지 모두 소멸시켜줍니다. 이 참법을 행하다 보면 저절로 참회의 마음이
깊어지고 자비가 충만해지고 환희심이 넘쳐나게 됩니다.

큰활자본 지장경　　　　　　김현준 편역 4×6배판　208쪽　7,000원
지장보살본원경　　　　　　　김현준 편역　신국판　208쪽　6,000원

이 책은 지장기도를 하는 분들을 위해
① 지장경을 처음부터 끝까지 1번 독송, ② '나무지장보살'을 천번염송,
③ 지장보살예찬문을 외우며 158배, ④ '지장보살'천번 염송의
4부로 나누어 특별히 만들었습니다.
지장경 독경 및 지장보살예찬과 염불을 할 때, 각 장 앞에 제시된 기도법에 따라
기도를 하게 되면, 지장보살의 가피 속에서 틀림없이 영가천도·업장소멸·소원
성취·향상된 삶을 이룩할 수 있게 됩니다.
이 두 책의 내용은 같으며, 활자 및 책크기만 다릅니다.

한글 승만경　　　　　　　김현준 역 4×6배판　144쪽　5,000원

부처님과 승만부인이 설한 보배로운 경전!
이 승만경에는 여인의 성불 수기와 함께 승만부인의 서원, 정법을 나의 것
으로 만드는 법, 중생에게 희망과 자비심을 불러 모으게 하는 여래장 사상,
번뇌·법신·일승·사성제·자성청정심에 대해 쉽고도 분명하게 밝혀 불자의
삶과 수행을 바른길로 이끌어주고 있습니다.

● 아름다운 우리말 경전 시리즈 ●
〈가지고 다니면서 틈틈이 읽게 되면 독송과 기도에 큰 도움이 됩니다〉

유교경 (신간) / 일타스님·김현준 역   국반판 100쪽 2,000원
부처님의 간절한 마지막 가르침을 담은 매우 소중한 경전.

금강경 / 우룡스님 역   국반판 100쪽 2,000원
'금강경을 우리말로 보급하겠다'는 원력에 의해 제작된 책.

관음경 / 우룡스님 역   국반판 100쪽 2,000원
관음경의 번역과 함께 관음기도와 염불법에 대해 자세히 설한 책.

보현행원품 / 김현준 편역   국반판 100쪽 2,000원
보현보살의 십대원을 설하여 참된 보살의 길로 이끌어주는 책.

약사경 / 김현준 편역   국반판 100쪽 2,000원
한글 번역과 함께 약사기도법과 약사염불법에 대해 자세히 설한 있는 책.

지장경 / 김현준 편역   국반판 196쪽 3,500원
편안한 번역으로 쉽게 이해할 수 있도록 하였으며, 기도법도 자세히 수록한 책.

부모은중경 / 김현준 역   국반판 100쪽 2,000원
부모님의 은혜를 느끼며 기도를 할 수 있게 엮은 책.

초발심자경문 / 일타스님 역   국반판 100쪽 2,000원
신심을 굳건히 하고 수행에 대한 마음을 불러일으키게끔 하는 책.

법요집 / 불교신행연구원 편   국반판 100쪽 2,000원
법회와 수행 시에 필요한 각종 의식문, 좋은 몇 편의 글들을 수록한 책.

선가귀감 / 서산대사 저·용담스님 역   국반판 160쪽 3,000원
선수행 뿐 아니라 참회 염불 육바라밀 등 불교의 요긴한 가르침을 담은 책.

한글 원각경 (신간) / 김현준 편역   4×6배판 192쪽 7,000원
한국불교의 근본 경전인 원각경을 수십 차례 번역·수정·윤문하여 쉽게 이해할
수 있도록 하였습니다. 한글과 원문을 바로 옆에 두어 대조하며 읽을 수 있습니다.

한글 보현행원품 / 김현준 편역   4×6배판 112쪽 4,000원
행원품과 예불대참회문을 함께 실어 독경 후 행원품에 근거한 정통 108배를 행할
수 있도록 만들었으며, 독송 방법과 대참회의 의미 등도 상세히 설명하였습니다.

한글 금강경 / 우룡스님 역   4×6배판 112쪽 4,000원
책 크기만큼 글씨도 크게 하고 한자 원문도 수록하였으며, 독송에 관한 법문도 첨
부하였습니다. 사찰 및 가정에서의 독송용으로 매우 좋습니다.

한글 약사경 / 김현준 편역   4×6배판 100쪽 3,500원
아주 큰 활자로 약사경 한글 번역본을 만들었습니다. 약사경 독경 방법 및 약사염
불법도 함께 실어 기도에 도움이 되도록 하였습니다.

한글 관음경 / 우룡스님 역   4×6배판 96쪽 3,500원
커다란 글씨의 관음경 해설과 함께 관음경의 원문과 독송법, 관음 염불 방법 등을
수록하여 관음경의 가르침을 쉽게 이해하도록 하였습니다.

신행과 포교를 위한 포켓용 불서 3종

❀

손안의 불서 ① 『생활 속의 기도법』 / 일타스님   국반판 100쪽 2,000원

평소의 생활 속에서 쉽게 행할 수 있는 기도법과 괴롭고 힘든 경우에 행하는 특별한 기도, 일과 수행의 시작 단계 및 더 큰 성취를 위한 기도에 대해 자세히 설하고 있습니다.

손안의 불서 ② 『광명진언 기도법』 / 일타스님·김현준   국반판 130쪽 2,500원

영가천도의 원리와 함께 광명진언이 천도에 어떠한 효과가 있는지? 일상생활 속에서 광명진언을 외울 때 생겨나는 좋은 일, 진언 속에 깃들어 있는 깊은 가르침, 기도의 방법과 마음가짐 등의 참고사항, 기도 영험담 9편을 수록하여 기도인들의 신심을 불러일으키고 있습니다.

불교이야기 ① 『바느질하는 부처님』 / 김현준   국반판 100쪽 2,000원

〈어떻게 살 것인가〉·〈대자비로 중생을 교화하다〉·〈시련을 넘어선 끝없는 포용〉·〈이런저런 이야기〉의 총 4장으로 구성된 이 책을 읽다보면 인생을 지혜롭고 평화롭게 이끄는 부처님의 가르침이 무엇인지를 저절로 터득할 수 있게 됩니다.

기타 효림과 새벽숲의 스테디셀러

❀

제목	저자	판형	쪽수	가격
사찰 그 속에 깃든 의미 / 김현준		신국판	320쪽	9,000원
석가 우리들의 부처님 / 김현준		신국판	240쪽	7,000원
바보가 되거라(경봉큰스님 일대기) / 김현준		신국판	220쪽	6,000원
마음밭을 가꾸는 불자 / 보성스님		신국판	272쪽	8,000원
내 갈 길을 가는 불자 / 보성스님		신국판	224쪽	7,000원
이야기로 배우는 불교 /보성스님		신국판	160쪽	5,000원
행복을 위한 부처님의 가르침 /혜인스님		신국판	160쪽	5,000원
붓다께서 가리킨 길 / 서경수		신국판	184쪽	6,000원
세속의 길 열반의 길 / 서경수		신국판	368쪽	15,000원
기상천외의 스님들 / 서경수		신국판	224쪽	7,000원
도사가 될래요? 박사가 될래요? / 박영철		4*6배판	544쪽	30,000원
서울의 고궁산책 / 허균		국판	384쪽	16,000원